T0028242

Invasión de campo

Invasión de campo

Un manifiesto contra el fútbol
como negocio y en defensa
del aficionado

Alejandro Requeijo

Papel certificado por el Forest Stewardship Council®

Primera edición: febrero de 2023

© 2023, Alejandro Requeijo Mateo
© 2023, Penguin Random House Grupo Editorial S. A. U.
Travessera de Gràcia, 47-49. 08021 Barcelona

Penguin Random House Grupo Editorial apoya la protección del *copyright*.
El *copyright* estimula la creatividad, defiende la diversidad en el ámbito de las ideas y el conocimiento,
promueve la libre expresión y favorece una cultura viva. Gracias por comprar una edición autorizada
de este libro y por respetar las leyes del *copyright* al no reproducir, escanear ni distribuir ninguna
parte de esta obra por ningún medio sin permiso. Al hacerlo está respaldando a los autores
y permitiendo que PRHGE continúe publicando libros para todos los lectores.
Diríjase a CEDRO (Centro Español de Derechos Reprográficos, http://www.cedro.org)
si necesita fotocopiar o escanear algún fragmento de esta obra.

Printed in Spain – Impreso en España

ISBN: 978-84-666-7412-6
Depósito legal: B-21.597-2022

Compuesto en Llibresimes, S. L.

Impreso en Black Print CPI Ibérica
Sant Andreu de la Barca (Barcelona)

BS 7 4 1 2 6

Índice

1

DECLARACIÓN DE PRINCIPIOS

El fútbol es una cosa muy seria, es un elemento de identidad, aunque la opción normalmente es trivial, tú eres del equipo de tus padres o de tus hermanos mayores, naces y te dicen «Tú eres de este equipo» y así te quedas para los restos. El fútbol sirve para odiarse sin hacerse daño, pero también para sentir que perteneces a un grupo. Tú te sientes unido a la gente de tu equipo con independencia de que sean ricos, pobres, guapos, feos, tontos o listos, si eres hincha de un equipo formas parte de un colectivo y cuando eres pequeño eso refuerza tu autoestima y te hace sentir acompañado. Eso no excluye que todos tengamos íntimos amigos del equipo rival.

ALMUDENA GRANDES, escritora

Me gustan las invasiones de campo porque tienen un aroma a fútbol antiguo. Cada vez es más difícil verlas, ahora la seguridad de los estadios se encarga de acordonar el perímetro del césped para que nadie salte desde el graderío. Y si saltas, te multan o te llevas un palo. Pero una invasión de campo es una expresión de júbilo incapaz de contenerse, como una botella que se descorcha para dar el pistoletazo de salida a una fiesta. Es una imagen irremediablemente feliz. Una comunidad de personas con historias particulares, pero unidas por la adhesión a una causa que celebran en masa sobre el escenario mismo de la gesta. Permite pisar el césped al menos una vez, que te impregne de lleno ese olor a hierba que normalmente solo se percibe desde las primeras filas. La invasión de campo tiene algo de conquista, de reivindicación de un protagonismo que durante el juego queda relegado a la butaca. Con la invasión, el aficionado ocupa el lugar central de los focos. Una invasión es la consecuencia natural de un estado de ánimo, el demarraje incontrolable de una emoción contenida, no solo noventa minutos, sino meses, años, incluso décadas. Hay aficiones que penan largas temporadas de sufrimiento entre una alegría y la siguiente. La primera a veces es la única. Para que una invasión cuaje, es necesario que haya un pionero que asuma el riesgo de que su acción no vaya más allá del calabozo. Basta que uno ponga su pie sobre el verde para que la multitud interprete la señal y todo se desborde.

Ha habido invasiones históricas grabadas en la iconografía como aquella de la Tartan Army escocesa en 1977 en el estadio de Wembley. Entre ellos estaba un tal Rod Steward. Los goles de Gordon McQueen y Kenny Dalglish dieron la victoria a los caledonios, y la gente asaltó el tapete sagrado del templo inglés. Se llevaron hasta las porterías. En España, una de las últimas grandes invasiones fue la que protagonizaron los coruñeses cuando el Dépor conquistó la Liga, seis años después de la tragedia del penalti marrado por Djukic en la última jornada. Hoy esa imagen con miles de personas cubriendo el verde es casi imposible, en parte porque también tapan la publicidad en un momento de máxima audiencia televisiva. Ahora es más habitual la foto de los jugadores en pequeñas celebraciones privadas ante los ojos de todos, pero de espaldas a todos. Haciéndose selfis cada uno por su cuenta con sus parejas o jugando sobre el césped con sus hijos pequeños en lugar de girarse y celebrar con la grada y el resto de sus compañeros.

La invasión de campo tiene algo de rebeldía frente a todo eso. Diluye de golpe las barreras que impone el fútbol para igualar a los ídolos con sus aficionados, que les arrebatan las camisetas y los dejan en calzoncillos. Los reyes van desnudos. Pocos momentos son equiparables a los segundos previos a una invasión de campo. Es como si la victoria no quedase certificada hasta que el terreno de juego se llena de banderas como acta notarial de que lo que ha sucedido es real y nadie puede dar ya marcha atrás. Este no es un libro sobre fútbol. Al menos no sobre ese fútbol que muchos entienden como un tablero de hierba donde confrontar estrategias sin importar si juegas con blancas o con negras. Aquí los colores van a ser importantes. Este libro no reducirá el fútbol a un mero espectáculo ni discutirá entre sistemas ofensivos y defensivos. Lo que pasa en el césped es relevante, pero no tanto.

No consideraremos tampoco el fútbol como una mera opción de ocio de fin de semana. Es una religión laica a practicar de lunes a domingo y reconoce al aficionado de estadio como portador fundamental de un legado familiar, cultural, incluso estético. Se entiende como aficionado de estadio al que acude al campo a acompañar a su equipo sin tener en cuenta el rival, el frío o el calor. Va al estadio simplemente porque hay que ir. Porque forma parte de algo superior a él que trasciende edades y clases sociales. Se va porque se es parte de algo, y eso es una actitud como la de quien se consagra al rock and roll y a una vida en la carretera. El carnet de socio significa mucho más que un plástico que presentar en los tornos de entrada. El aficionado de estadio no ejerce en condición de cliente. No calienta la butaca sino la grada. No pedirá que le devuelvan el dinero de la entrada si no queda satisfecho con el juego de su equipo. Se cabrea si no le gusta lo que ve, claro. Pero vuelve la semana siguiente porque el fútbol, como la vida, siempre da revancha.

Vamos por la camiseta. Queremos que nuestro equipo

gane, obvio. El gol, el abrazo del gol, sigue siendo el punto álgido de la liturgia, pero también se rendirá culto a la previa. Y al pospartido si se tercia. El aficionado de estadio quiere divertirse. Pero eso no dependerá necesariamente de que presencie una goleada o el balón se mueva muy rápido sobre el pasto. Aquí entretenerse o aburrirse son conceptos muy pequeños frente a identidad, pertenencia, compromiso, adhesión, comunidad. El aficionado de estadio que se reivindicará aquí no se pregunta qué pueden hacer por él los jugadores, sino qué puede hacer él por los once que están ahí abajo. Agitar una bandera. Recorrer kilómetros. Animar más. Hacer horas de cola. Quedarse tras el pitido final para rendir tributo al esfuerzo. El aficionado de estadio tiene su propio calendario. Viajes, planes y vacaciones están condicionados al partido de su equipo. El aficionado de estadio asume que tiene la capacidad, el derecho, de influir de forma directa en el resultado final. Por eso considera innegociable su presencia hasta el pitido final y después toda la semana. De ahí que los entrenadores pidan una olla a presión cuando se complica una eliminatoria en el partido de ida.

El aficionado de estadio se resiste a asumir el papel meramente decorativo que le concede el fútbol moderno, temeroso siempre de todo aquello que no puede homogeneizar, prever o anticipar en estudios de mercado. El aficionado tiene derecho a ser escuchado con voz propia.

Debe tomar conciencia de clase dentro del circo de actores que hoy enturbian el ecosistema de este deporte. Sí, más bufandas y menos corbatas. El seguidor que asiste al estadio es libre por definición, su mirada no dependerá nunca del plano que elija un realizador de televisión. Cada grada tiene sus códigos, su idiosincrasia, suena diferente. Resulta una aberración diluirla con megafonías de *speakers* sin alma que reproducen mensajes idénticos en todos los estadios hasta imponer un paisaje «norcoreanizado», carente de pluralidad. A eso lo llamaremos simplemente censura.

Aquí no diremos tampoco que el fútbol es una marca. Mucho menos una marca global. No secundaremos las coartadas de quienes sacrifican nuestras certezas en el falso altar de la evolución. Un máster en marketing deportivo avanzado cursado en una escuela de negocios de pago no da derecho a vulnerar los símbolos que nos explican. Un escudo no es feo ni bonito, es el tuyo. Y el estadio es tu casa, tu historia, tu ciudad, tus recuerdos. Aquí no entenderemos el fútbol como un producto a exportar a nuevos mercados. A eso lo llamaremos simplemente expolio y señalaremos a los culpables con nombres y apellidos. Tampoco tragaremos con la estafa de justificar el saqueo en presuntas misiones redentoras por países carentes de derechos humanos. La diplomacia deportiva es el lucrativo blanqueamiento de dictaduras. El fútbol es un patrimonio inherente al entorno en el que se desarrolla. No se puede plantar un olivo en el polo norte ni ver crecer pinos en el desierto.

Los equipos pertenecen a los barrios que les dotaron de una esencia, a las ciudades donde se forjaron rivalidades, a las aficiones que poblaron las bancadas de sus estadios construidos a veces con sus propias manos. No, cualquiera no tiene el mismo derecho a poseer algo que no le pertenece por el hecho de tener la posibilidad de pagarlo. El fútbol español es un patrimonio cultural a proteger y las instituciones políticas deberían ser conscientes de ello. Despojado de su hábitat, el fútbol se convierte en un simulacro desvirtuado y sin futuro. Se muere. Tu pasión no es una moda sujeta a coyunturas. Es precisamente la adhesión incondicional el suelo sobre el que se debe construir todo lo demás. Si el fútbol es una moda, corre el riesgo de quedar eclipsado por la siguiente cuando menos se lo espere.

Si se maltrata al aficionado de estadio, si se le sigue expulsando de la ecuación por no considerarlo rentable, mañana no quedarán siquiera cenizas que recoger. Solo ruina. Nada hay más previsible y duradero que la lealtad, nada es más confortable para el dinero que la estabilidad de un plazo fijo. Y este es para toda la vida, varias generaciones. Porque fueron, somos, y porque somos, serán. Se puede cambiar de todo menos de pasión. La adhesión incondicional que promete el aficionado de estadio, su vocación de preservarla y cuidarla a través de generaciones representa una inversión más robusta que cualquier mercado sin arraigo dispuesto a consumir solo mientras dure la ola, ya sea un jugador en forma o una racha de victorias. Subastar el tesoro al mejor postor entre sátrapas de medio mundo es solo el ejemplo extremo de un modelo especulativo, cortoplacista y suicida. No es el único. Fondos de inversión, comisionistas insaciables, prioridad por el aficionado de sofá y plataforma de pago, los clubes Estado, finales en lejanas sedes sonrojantes, precios prohibitivos, relatos mediáticos excluyentes que abocan a la frustración, dirigentes sin escrúpulos, legislaciones opacas, jugadores ensimismados en sus fortunas de nuevo rico.

El objetivo no debe ser un pastel más grande para tener más porciones a repartir, sino la calidad del pastel en sí mismo, cuidar los ingredientes, controlar el exceso de levadura. Este no es un libro sobre fútbol, es un manifiesto de grada. No es un ejercicio de nostalgia del pasado, sino un grito de rabia contra el pesimismo para tomar conciencia pensando en el futuro. Los aficionados de estadio estamos hartos, pero no nos vamos a rendir fácilmente. Este es un diagnóstico con vocación de contragolpe frente a todo lo que no nos gusta. Desde el convencimiento de que otro modelo es posible en el fútbol español. Hay solución y ejemplos en otros países.

Asociacionismo, cultura de grada, construcción de relatos alternativos. El árbitro no ha pitado todavía el final, aunque ha llegado el momento de invadir el campo y recuperar lo que nos pertenece.

2

La trampa del espectáculo

> El romanticismo en el fútbol, del que tanto habla la gente, es muy eventual. El fútbol no es romántico. El sentimiento en el fútbol se debe perder. El sentimiento o la fidelidad están muy bien, pero esto es un negocio.
>
> Enrique Cerezo,
> presidente del Atlético de Madrid

Sería la primera vez que ese bar vio entrar a tanta gente. Sobre todo, a tanta gente hablando en otro idioma. La previa ya estaba lanzada, los gritos, el humo de la pirotecnia y las banderas lo inundaban todo. Faltaban unas horas para la final, pero ya era difícil hacerse con un sitio en la barra. Los muchachos entraron a pedir unas cervezas y yo me quedé esperando en una mesa que milagrosamente dejaron libre en la terraza. Tardé un rato en reparar en aquel tipo. Ahí estaba: solitario y concentrado en sus cosas. No paraba de girar absorto su tercio de birra extranjera. Bebía un poco y volvía a marear la botella sin levantar la mirada del mantel de papel blanco. No hablaba con nadie. Estaba solo y ni siquiera se preocupaba por acompañar los cánticos que ya se propagaban por toda la calle, que era nuestra. Parecía una estatua que llevase cien años allí olvidada en sus pensamientos. A decir verdad, lo primero que me llamó la atención fue su camiseta. No sé si a alguien más le pasa, tengo la manía de escrutar la indumentaria de la gente los días de partido. No soy maniático, lo justo, pero me gusta que se respete la ortodoxia, que todo esté en orden. Valoro especialmente las camisetas antiguas de mi equipo porque dan testimonio de batallas pasadas. Frente al último modelo *dry fit* ultratranspirable a ciento veinte euros la broma, una casaca vieja otorga a quien la porta la autoridad de muchas victorias y fracasos. Si la persona es joven, lo más seguro es que la haya heredado de algún familiar que se la legó con el compromiso de seguir honrándola. Mato los nervios adivinando el año exacto en el que se jugó con la camiseta que luce ese, aquel o el de más allá. A veces representan momentos concretos. La del golazo contra el eterno rival, la última que vistió el ídolo antes de retirarse, la que llevamos cuando el ascenso, con la que ganamos la Copa. Hay algunas que son gafe. Me molesta especialmente ver a gente en el campo con zamarras que traen malos recuerdos. Son pocos, es cierto, pero alguno hay que desafía a la mala suerte portando alguna que evoca derrotas fatídicas. No comprendo cómo, años después, puede haber gente que las conserve. No acierto a entender qué tipo de apego sentimental puede existir a potenciales objetos de mal fario. Habría que encerrarlas en una urna bajo siete llaves como la muñeca diabólica de los Warren. Si se me pusiera al lado algún mufa de esos, me alejaría al otro extremo de la grada. De los dorsales ni hablamos. Se ven cosas muy extrañas en las espaldas de la gente. Motes absurdos, jugadores que pasaron sin pena ni gloria, o peor aún, nombres de futbolistas que se vendieron al enemigo. Esos son los peores. Como el tatuaje de una expareja que te traicionó y se queda ahí para siempre. También los hay que dignifican la camiseta con dorsales de leyendas de otros tiempos y, por tanto, sin capacidad ya de decepcionarte. La última moda estúpida es llevar el nombre de un fichaje anunciado a bombo y platillo que luego nunca llegó.

En esas cosas pensaba yo cuando me percaté de la presencia de aquel hombre absorto con su botella entre la multitud. Me llamó la atención porque su atuendo rompía con los esquemas habituales. Llevaba el manto sagrado del equipo, hasta ahí todo normal, pero por encima se había enfundado otra camiseta con algo impreso. Una de esas que se confecciona uno para alguna ocasión especial. En su caso, la prenda tenía la cara de una persona que le cubría todo el pecho. Era como una foto de carnet ampliada en blanco y negro, el rostro de un señor antiguo. No anciano, antiguo. Rápidamente quise adivinar algún jugador histórico, pero no me salía ninguno. Tampoco se le veía muy bien desde mi sitio. El tipo se levantó de la mesa y entró al bar. No sé si fue a comprar tabaco o al baño, pero no tardó en volver. Menos que los chicos con las cervezas, eso seguro. Al verle la espalda me di cuenta de que la camiseta por detrás tenía estampado un número. No era un dorsal, sino una cifra de varios dígitos que le ocupaban de hombro a hombro. Eran unos cinco números, más o menos, como los de un billete de lotería o la cifra de identificación de un preso, qué sé yo. Completaba el diseño una frase escrita imposible de leer desde mi posición. La cosa no podía acabar así. Su actitud pretendidamente solitaria no invitaba mucho a la camaradería, pero me fui hasta él. Al notar que me acercaba, el tipo levantó su mirada en un gesto un tanto hosco. Parecía como si le hubiese interrumpido en algo importante. Daba la impresión de que él estaba allí para otra cosa. Le pregunté sin rodeos. La conversación apenas necesitó dos frases.

—¿Quién es? —pregunté señalando su pecho.

—Este señor era mi padre —replicó con tono firme.

Con el debido respeto zanjé el intercambio con alguna arenga que ahora no recuerdo y regresé a mi lugar. Me dio tiempo a leer la frase que completaba el mensaje de su camiseta mientras se marchaba. «Papá, la Historia te debe esta Copa», decía justo debajo de la cifra que con toda seguridad representaba el último número de socio de su padre.

No es difícil imaginar que su hijo estaba allí para cobrarse una cuenta pendiente. Puede que no le gustase ni el fútbol, pero qué importa eso si de lo que se trata es de culminar algo que quedó a medias. Disputar el partido de vuelta que nunca pudo jugar su padre. Son muchas las historias que convergen en las gradas de los estadios. Esos templos contemporáneos que en la pandemia permanecieron vacíos. El fútbol no esperó y hubo quien pretendió disimular la ausencia del hincha con cánticos enlatados. Nadie reclamó derechos de autor. Esta imagen me viene a la cabeza cuando escucho a gente, demasiada, explicar lo que todo esto significa con términos como cláusula, inversión, marca global, industria o espectáculo. Cuando escucho a alguien vincular el fútbol a estos conceptos, echo la mano al bolsillo para comprobar que no me han robado la cartera. Simplificar el fútbol a su condición de espectáculo es una trampa. Para eso está el circo o el teatro. Al fútbol se va a otra cosa. Si algo tengo claro es que aquel hijo no cruzó medio continente con el afán de pasar un buen rato. No iba a divertirse precisamente, sino a algo mucho más importante. Igual que los miles que le acompañaron en el desembarco. Tampoco reclamaban un juego entretenido esa noche, sino llevar en volandas a su equipo, ser parte de la victoria. Es personal, claro. No es una afición, es una causa.

El primer vínculo: por aquí se llega al fútbol

Le atribuyen al exseleccionador argentino Carlos Salvador Bilardo la tesis de que el partido perfecto es el que termina cero a cero sin ocasiones de gol porque es la prueba de que nadie ha cometido errores. Se refiere a que detrás de un gol siempre hay un delantero que no baja lo suficiente a defender, un medio que pierde un balón tonto en el centro del campo, un lateral al que le ganan la espalda, un central mal colocado, un portero que elige mal el lado hacia el que lanzarse o no se estira lo suficiente. Sin embargo, un cero a cero es la antítesis de lo que para muchos debe ser un espectáculo. Es cierto que Bilardo nunca tuvo entre sus prioridades entretener al público, pero nadie negará que hizo a mucha gente feliz por otros métodos que básicamente consistían en ganar. Sirva la reflexión para advertir contra quienes pretenden vender el fútbol a nuevos mercados bajo la promesa del espectáculo. Estarán traicionando al cliente o al fútbol. Uno de los dos acabará pagando la consecuencia de un planteamiento reduccionista que conduce de forma inexorable a la frustración antes o después. Interpretar el fútbol solo como un espectáculo es desnaturalizarlo porque lo desposee de los vínculos sentimentales que lo explican.

Si alguien tiene dudas del error que supone presentar el fútbol como un entretenimiento, que pruebe hoy a poner a un niño de unos ocho o nueve años delante de un televisor que esté retransmitiendo un partido. Raro es el caso del joven que permanece atento los noventa minutos como sí lo hacían las generaciones anteriores. Extraño es que se quede en el sitio todo el partido sin ir a por la consola o la tablet donde tiene sus videojuegos. Y lo más seguro es que haya entre sus favoritos un simulador de fútbol, pero cada parte no dura tres cuartos de hora, sino un puñado de minutos en los que todo sucede muy rápido. Si el pretendido espectáculo es el cordón umbilical con el que quiere sobrevivir el fútbol a las nuevas generaciones, la batalla está más que perdida. Sin embargo, el modelo que exportan los actuales dueños del negocio es básicamente ese. Y si la alternativa es que un padre o una madre paguen entre cincuenta y noventa euros por una entrada para un partido corriente, directamente estamos expulsando al aficionado salvo que lo que se busque sea vender un producto de lujo. Algo de eso también hay, pero lo abordaremos más adelante.

No es que este deporte sea más aburrido ahora que antes, es igual de aburrido o divertido que siempre. Lo que han cambiado es la oferta y el individuo en un mundo que plantea nuevas opciones de ocio. El italiano Giovanni Sartori, premio Príncipe de Asturias de las Ciencias Sociales, desarrolló la teoría del vídeo-niño. Explicaba que las nuevas generaciones estimuladas con la cultura audiovisual han perdido la capacidad de conocer. Ver no es entender. El caso es que Sartori desarrolló esta teoría a principios de siglo, por lo que vamos tarde. Nuevas plataformas como Instagram o TikTok solo han acentuado la pereza intelectual. Todo lo que dure más de un minuto y medio ya es eterno. La vida debe ser contada en pequeñas píldoras de segundos. Se da un fenómeno curioso con estas nuevas plataformas. Los vídeos más virales suelen ir acompañados de canciones antiguas y eso ha supuesto que los chavales conozcan éxitos pasados de Elton John, David Bowie o Abba, entre otros. Pero los vídeos son tan cortos que solo se saben el estribillo, si les pones otro tramo de la canción ni siquiera la reconocerían. Los padres jóvenes de hoy ya tenían delante una pantalla de televisión donde veían a los Picapiedra, Mickey Mouse o Bugs Bunny antes de empezar a leer, lo que explica la tolerancia actual a que sus hijos pasen también horas delante de una máquina. El proceso de inmersión al fútbol pasaba por un desplazamiento al estadio, generalmente acompañado por un familiar o un vecino —aquí los barrios van a ser importantes— encargado de inculcar los conceptos generales del juego y los particulares del estadio propio, que era como un segundo hogar. Los cánticos, los héroes de antaño, las características que lo hacen único, las rivalidades históricas, lo que sí y lo que no formaban parte de la lección semanal transmitida de padres a hijos y a nietos. ¿Por qué esa grada se llama así?, ¿qué pasó en aquella portería?, ¿qué representa el escudo de la camiseta?, ¿quién decidió lucir esos colores?, ¿qué hizo la persona que da nombre al estadio?, ¿a quién se homenajea con esa estatua?, ¿qué significa el mensaje de la pancarta?, ¿por qué silba la gente?... Es así como se establece un vínculo que empieza en la fe hacia tus mayores y acaba forjando una relación sentimental, una pertenencia a algo que ya es para siempre. Y el estilo del juego sobre el césped donde muchos acotan el espectáculo es simplemente un ingrediente extra.

Es importante saber la historia del club al que uno pertenece, conocer el pasado es vital para valorar el presente. Las gradas reaccionan de forma distinta ante hechos similares porque cada una arrastra su propia memoria forjada a base de acumular experiencias diferentes. El tiempo pasado en un estadio aporta conocimiento, recuerdos, moldea una personalidad ante los éxitos y los fracasos, establece el nivel de exigencia, el respeto a los símbolos, la devoción por jugadores que en cambio no encajaron en otros estadios. ¿Podría haber triunfado Mágico en otro lugar que no fuera Cádiz? ¿Por qué Maradona salió casi como un proscrito de Barcelona rumbo a Nápoles, donde le veneran como a un Dios? Ahora ese rito de conocer la historia del club al que perteneces queda relegado a una pantalla que cuenta otras cosas generalmente líquidas, menos trascendentes. Existen intereses comerciales que establecen relatos mediáticos interesados. En el caso español se lleva años explotando el mantra de la mejor liga del mundo y la rivalidad entre Real Madrid y Barcelona que lo centrifuga todo; lo último, el fútbol femenino. No es posible transmitir los códigos importantes de una tarde en el estadio en los resúmenes de cinco minutos con las mejores jugadas, como tampoco es posible conocer a Bowie a partir de un estribillo viral. Ver no es conocer, no hablemos ya de entender de fútbol, saber si conviene buscar un contragolpe o mantener una posesión larga, asumir que estás jodido si te han marcado justo a la vuelta del descanso, qué significa proponer un partido largo, una presión alta y esa serie de cosas que interesan a los futboleros y no son el objeto de este libro, si acaso como advertencia.

Cuídate de los futboleros

A los futboleros hay que hacerles caso, pero no tanto. Protégete del futbolero en su versión de entrenador frustrado porque su relato abunda en la tramposa *espectacularización* del fútbol por otras vías. Cada vez es más común en los medios de comunicación una especie de comentarista que vive convencido de que el fútbol cabe en una pizarra. Tratan de explicar lo que sucede sin salirse del rectángulo de juego que para ellos podría ser un tablero de ajedrez. Lo reducen todo a un choque de estrategias donde los jugadores son piezas en manos de un entrenador capaz de controlarlo todo. Por supuesto, rara vez conceden espacio en sus comentarios a las preocupaciones de la grada. Para ellos es lo mismo que un partido se juegue en Riad que en Buenos Aires. El hincha es acaso un elemento decorativo al que echar de menos cuando no está, pero le niegan la capacidad de condicionar el estado de ánimo de los jugadores e influir en el resultado. Analizan el deporte como un cirujano ante la mesa de operaciones, y la realidad, como la vida, no deja de sorprenderlos con intangibles que poco tienen que ver con el sistema empleado. Se centran en el cuerpo y se olvidan del alma. Demasiado a menudo se permiten el lujo de juzgar la reacción de una hinchada si, por ejemplo, recrimina a determinado futbolista una afrenta pasada enquistada en la memoria. En su distorsión de la realidad se sienten más cerca del futbolista que del aficionado. A veces incluso visten o se peinan como ellos y pronuncian sus nombres forzando acentos extraños: «Assar» (Hazard), «Kuggtua» (Courtois), «Bapé» (Mbappé)... Demasiado a menudo olvidan el sagrado pacto entre el periodista y el ciudadano para proteger al jugador porque su agente o su entorno son fuente informante. De pronto, casos como el de Mbappé sorprenden porque algunos jugadores ahora son más poderosos y pueden tomar el control total de sus carreras desafiando a sus clubes. Eso es, entre otras cosas, porque el concepto espectáculo les ha catapultado como activo económico individual al margen de las instituciones. Hoy uno de los escollos en cualquier negociación de envergadura es decidir quién se queda con los derechos de imagen del jugador. La protección mediática de la que gozan los futbolistas ha contribuido a que el seguidor se vea obligado por el entorno general a perdonar incluso faltas de respeto y humillaciones sin que pueda hacer nada para cambiarlo porque es lo que hay y resulta inútil o ingenuo resistirse a las normas del mercado. No te esfuerces en pretender articular algún tipo de contrapoder o resistencia en busca siquiera de un punto intermedio porque el dinero manda y no hay más, te dicen.

El pesimismo como signo de estatus

Héctor García Barnés es el autor de un ensayo reciente llamado *Futurofobia* que analiza muchas de las razones por las que la sociedad —en especial los nacidos durante los ochenta— por primera vez en la historia ve el futuro como una amenaza y no como una oportunidad. Dedica uno de sus capítulos a abordar el auge del pesimismo, que ha pasado a adquirir prestigio frente al optimismo, despreciado como algo buenista y tontorrón. Hoy está mejor visto el escéptico que mira el mundo con la ceja levantada cínicamente desde el sofá que el iluso que se empeña en emprender aventuras arremangado y en amar de forma desinteresada. Nos seduce más el cruel Frank Underwood de *House of Cards* que el positivo Josiah Bartlet de *El ala oeste de la Casa Blanca*. «El pesimismo tiene cada vez mejor reputación. Es, casi casi, un símbolo de estatus [...]. El prestigio hoy consiste en ser un cenizo», dice García Barnés, quien relaciona esta tendencia con un mundo que camina cada vez más hacia el individualismo. «El prestigio del pesimismo es el desprestigio del optimismo, o, en otras palabras, a muchos les viene bien que todo intento de cambiar las cosas se considere inútil». Esa aceptación del pesimismo como fuerza alienante supone una traición a la idea fundacional de los clubes, creados en su día como lugares de encuentro en comunidad alrededor de un proyecto del que sentirse custodios, la unión en torno a un barrio, una ciudad, una institución o un gremio que les representaba.

Habrá quien pueda acusar la reacción a estos cambios como un pretendido intento proteccionista de anclar a las aficiones en idiosincrasias trasnochadas desconectadas del paso del tiempo. En realidad, es todo lo contrario. Este libro reconoce y defiende las gradas como lugares plurales con autonomía y vida propia. Reivindica precisamente su capacidad y su derecho a mutar, pero siempre desde la grada de forma natural, no por la imposición de intereses ajenos, incluso contrarios a ella. Urge identificarlos y combatirlos. Resulta vital defender la cuota de protagonismo que tiene el aficionado de estadio, injustamente infrarrepresentado en el gran circo del fútbol actual.

El modelo del fútbol lleva mucho tiempo expulsando al hincha de la toma de decisiones que afectan a su club. Reduce su participación a la de mero cliente. Pagar y callar. Se desprecia la pasión presentándola como sinónimo de ingenuidad primitiva. El cínico analista dirá que mientras el jugador rinda en el campo, todo lo demás es perdonable porque son profesionales. Son axiomas que luego se repiten en la calle de manera idéntica a como emanan previamente de los medios de comunicación, donde apenas hay voces con sensibilidad de grada que ejerzan un mínimo de contrapunto. Los medios tienen un poder extraordinario a la hora de formar la opinión y cuando salen de las redacciones para mostrar cómo lo ve el aficionado lo hacen de forma apresurada y muy poco científica. El objetivo real no es transmitir un estudio profundo del sentir del hincha ante un hecho concreto puesto que eso llevaría tiempo, movilización de recursos y dinero. El objetivo es presentar como un sondeo serio la mera generación de contenido, llenar páginas o minutos de radio y televisión y, con suerte, encontrar algún testimonio que se viralice y fomente el *clickbait*. Prueba de ello son las entrevistas casuales a pie de estadio sin ningún tipo de filtro o exigencia en la selección cuando se produce algún hecho noticioso. Vale lo mismo un turista que pasaba por allí para comprarle una camiseta a su primo que un aficionado de toda la vida que probablemente esté en su casa rompiendo su carnet de socio, harto de la enésima afrenta. Los medios incluso rentabilizan las polémicas alojando en sus diarios digitales votaciones virtuales en las que puede opinar todo el mundo sin requisito alguno. Vale lo mismo el clic de un acreditado seguidor del equipo que el de un lector del eterno rival al que le ha parecido divertido opinar mientras mata el tiempo con su smartphone antes de bajarse en la siguiente parada. Del resultado de esas encuestas nada rigurosas luego nace una información con un titular informativo dando por bueno que eso es lo que piensa la afición. A esto se le suma una corriente poco periodística que consiste en recoger ante el micrófono una pluralidad de opiniones para presentar una presunta distancia imparcial sin que necesariamente esa paridad sea real. «Ya ven, opiniones para todos los gustos», suele concluir el presentador de turno. Culmina así la operación de blanqueo de decisiones que hieren a seguidores y ofrecen al espectador en general y a la afición afectada en particular una realidad profundamente distorsionada.

Las excepciones son contadas y demasiado a menudo las voces en los medios que muestran cierta sensibilidad de grada aparecen representadas por personajes o tertulianos caricaturescos que terminan despreciados por sentimentaloides cuando no directamente por radicales. Defender como dogma las reglas del mercado, en cambio, sí se interpreta como realista y riguroso. Es el resultado de muchos años cultivando la idea de que el dinero es la única verdad. Por ejemplo, un jugador puede llevar años ganando títulos y muchos millones como para tener solucionada su vida y la de sus hijos, puede haberse ganado el cariño de su afición, su familia puede ser feliz en la ciudad en la que viven desde hace tiempo, pero si de pronto llega otro club con una oferta que duplica su sueldo habrá muchos que dirán que es «irrechazable». Me sorprende la facilidad con la que la mayoría acepta esa escala de prioridades con normalidad.

Demasiado a menudo desde los medios hablan como si en lugar de un equipo de fútbol los jugadores trabajasen para una inmobiliaria y la moneda de cambio fuese vender más casas cada año y no los sentimientos de quienes se mantienen unidos a un equipo por un vínculo emocional que consideraban indestructible. Basta escuchar las letras de los cánticos con los que la grada anima a sus jugadores. Apelan a la fidelidad, el corazón, el respeto a los colores y al sentimiento. No reclaman posesiones largas o defensa con balón. Tampoco cuadrar las cuentas o que tal fichaje amortice la inversión. Lo que piden es empapar la camiseta, que es sagrada.

El relato mediático convierte a los jugadores en una casta intocable porque en ellos se deposita la expectativa de una experiencia divertida en un estadio. Desde su aparente imparcialidad, los análisis futboleros evidencian en realidad un distanciamiento con los intereses de la grada. Demasiado a menudo se atreven a decirle a una afición lo que debe opinar o cuál debe ser su grado de exigencia. Si el runrún del Bernabéu empieza a murmurar impaciente en el minuto veinte, ¿quiénes son unos señores ajenos al sentir y la memoria madridista para decirle a ese estadio lo que debe manifestar? La grada del Metropolitano, en la misma ciudad, pero con características distintas, demostró durante más de una década una adhesión mayoritaria a Simeone que en nada coincidía con el tono crítico que desprendían buena parte de los análisis futboleros casi desde el inicio de su etapa en el banquillo rojiblanco. Durante la primera temporada de Xavi en el Barcelona se escuchó un Camp Nou más dispuesto a arrimar el hombro y apoyar a los suyos que los discursos catastrofistas de los comentaristas. Históricamente se ha criticado a la afición valencianista por ser injusta con sus plantillas. La crítica suele llegar desde la distancia, en concreto, desde Madrid o Barcelona, sin conocer en profundidad el día a día de una grada que hoy lucha nada menos que por recuperar su club, en manos de un empresario multimillonario de Singapur que les está llevando a la ruina. Un poco de respeto.

El analista futbolero se presenta como la antítesis del denostado periodismo de bufanda, también en auge en otros formatos, también dañino en tanto que contribuye a explotar la rivalidad entre Madrid-Barça hasta límites ridículos. Sin embargo, el periodista futbolero alimenta un discurso que también beneficia a la élite económica y traiciona al fútbol al despojarle de su capacidad para acoger estilos de juego diferentes. Su interés es que durante la emisión pasen cosas emocionantes, preferiblemente muchos goles, alternativas, ocasiones para que el espectador se divierta y siga pagando. El objetivo es el culto al *homo ludens*. Abominan de los estilos especulativos, muchas veces más eficaces para quien los practica, prefieren esperar que proponer, destruir en lugar de crear. En este afán por entretener al espectador, todos acaban defendiendo un mismo estilo de juego, un discurso único que termina calando en el aficionado como una aspiración y mermando la riqueza de caminos que permite el fútbol. No es casual que su defensa por el espectáculo coincida con la propuesta de los clubes económicamente más poderosos, capaces de invertir grandes cantidades en los jugadores más desequilibrantes. El debate ya no es entre juego bonito o feo, sino que ha pasado a cuestionar incluso la legitimidad misma de estilos alternativos que buscan imponerse al rival por otros métodos diferentes a los que marca el relato único de los poderosos. Se señala como villanos a quienes osen desafiar el dogma del espectáculo.

No es casual que el trato hostil de alguna prensa a ciertos entrenadores sea inversamente proporcional al cariño que les profesa su grada. Por contra, se ensalza en exceso a otros entrenadores que apuestan por un estilo de constante ataque que a veces roza el suicidio. Divierten mucho a ajenos y periodistas futboleros que no sufren con el marcador porque no es su equipo el que está ahí abajo. El entusiasmo general del entorno contrasta con la posición en la tabla del equipo. Conviene en este punto recordar que un lector de prensa en España tuvo que leer en 2014 este titular publicado en *La Voz de Galicia*:

«Klopp se borra y Paco Jémez se apunta en la lista de candidatos para el banquillo azulgrana». El aludido se dejó querer en rueda de prensa. Dos años después, Jémez descendió a segunda división con el Rayo Vallecano. La sensación que dejó su trabajo en la grada de Vallecas no generó el mismo consenso que en los medios. En 2022 entrenó unos meses al Ibiza en la categoría de plata y terminó en decimoquinta posición. Sigue fiel a su idea, pero ya nadie le sitúa en las quinielas para entrenar al Barça. El que sí terminó en el banquillo culé fue Quique Setién, otro entrenador muy celebrado por el periodismo futbolero porque también venía de hacer un juego muy vistoso y ofensivo en el Betis, Las Palmas y el Lugo. El enésimo profeta del cruyffismo llegaba a devolver el ADN del Barça y el equilibrio a la fuerza del Camp Nou. Apenas duró unos meses en el cargo. Le despidieron después de perder 2-8 contra el Bayern de Múnich, la peor derrota en la centenaria historia del club que cerró una temporada sin títulos por primera vez en doce años. Alguien debió caer en la cuenta que defender a veces también es importante. Encajar muchos goles es muy divertido, sobre todo cuando se los meten a los demás, claro. En la actualidad hay otras estrellas rutilantes de los banquillos llamadas a reinventar el fútbol que el tiempo determinará efímeros. A Guardiola le han salido más falsos imitadores que a Francisco Umbral. Álex Couto es el autor de un libro titulado *Catenaccio, el arte de defender*. Tiene una frase fantástica para reivindicar la validez del catenaccio que es todo un desafío: «Es el derecho del pobre». Agazaparse en campo propio renunciando al balón y al preciosismo como metáfora de la guerra de guerrillas ante la que ejércitos poderosos sucumbieron tantas veces frente a un enemigo teóricamente inferior.

En esta imposición del entretenimiento, incluso los arbitrajes dejan de ser justos e igualitarios porque tienden a proteger sobre todo a los jugadores con más talento encargados de interpretar ese fútbol obligatoriamente ofensivo. Cualquier cosa es falta, se para el ritmo, se desperdician minutos que jamás se recuperan, se traiciona al deporte y al espectador. David Álvarez es uno de los periodistas deportivos más originales y sus informaciones suelen salirse siempre del carril con un enfoque diferente. Escribe en *El País* y publicó un estudio basado en datos que alertaba de la desaparición progresiva de los goles de falta directa simplemente porque se pitan menos. «Ya casi no hay goles de falta directa, y la culpa no es de los lanzadores», lo tituló. Esa suerte desde el borde del área en la que se consagraron figuras de nuestro fútbol como Pantic, Tsartas o Assunçao son cada vez menos frecuentes a pesar de que los tiempos modernos cuentan también con verdaderos especialistas en la materia. De hecho, la información acreditaba un nivel de acierto similar al de antes por parte de los futbolistas. Pero ahí están los datos: en la temporada 2006/07 se anotaron de tiro directo ciento cuarenta y cinco goles en las cinco grandes ligas. En la 2021/22, solo ochenta y siete, lo que supone una disminución del 40 por ciento. La explicación es que se pitan menos faltas. La noticia incluía el testimonio de un exárbitro de primera división que decía dos cosas interesantes al respecto. La primera es que, a su juicio, es el resultado tras años de arbitrajes estrictos contra entradas y acciones contundentes. La segunda es que a sus compañeros se les advierte de que, si pitan una falta que no es y acaba en gol, luego les criticarán mucho. Es decir, que los jugadores han dejado de meter la pierna porque les pitaban falta por cualquier cosa y que a los árbitros sí que les influye el ambiente y lo que se dice de ellos. Y como todo el mundo será capaz de entender, normalmente se habla más y mal de un árbitro que deja de pitarle una falta a Messi o a Vinícius Jr. y no tanto si se equivoca con el lateral diestro del Getafe, aunque se supone que todos juegan a lo mismo con las mismas reglas.

La grada: conciencia de clase

Estamos condenados a que las gradas del futuro estén ocupadas por vídeo-niños adultos caprichosos que no sepan interpretar todo lo que tienen alrededor ni lo que sucede en el césped y a la mínima se aburran o protesten si lo que pasa no satisface sus demandas de divertimento. La alternativa de la televisión ha supuesto una opción más barata para el consumidor, que tiene acceso a más partidos ofrecidos como opción de ocio. Desde hace tiempo los horarios no son simultáneos, por lo que es posible echar el día desde la mañana a la noche sin renunciar a ningún encuentro. El lugar ya no es el estadio, sino la soledad de un salón. Se impone el individualismo del aficionado-cliente que ya no interactúa con una masa de gente ni toma conciencia de grada, lugar en el que conjuntamente se expresa la idiosincrasia de un club, un barrio, una ciudad. La soledad del aficionado frente al televisor dispersa su personalidad como actor y diluye hasta la insignificancia su poder para hacerse escuchar. Internet no ha mejorado mucho la cosa. La capacidad de interrelacionarse con otros ha permitido opinar en condiciones de igualdad al que lleva varias generaciones experimentando el fútbol en comunidad y al que no ha pisado nunca un vomitorio. Todo un avance, muchas gracias, red de redes. La premisa de que la televisión permite llegar a cualquier estadio del mundo es una estafa, lo que hace en realidad es alejarte de todos empezando por el que tienes más cerca. Ese distanciamiento se acentúa si se tiene en cuenta que el fútbol entendido como un mero espectáculo solo presta atención a una élite reducida de equipos. Hoy el aficionado de sofá crea más vínculos con el Manchester City que con su equipo local. A uno solo le interesa lo que ve y lo que no ve no existe. El gran reto de muchos padres hoy no es evitar que su hijo llegue un día a casa con la camiseta del eterno rival, sino posponer todo lo posible el momento en el que diga que es del *peseyé* sin haber estado nunca en París.

Siempre he sentido más propia una derrota o una victoria de mi equipo cuando me he dejado algo en el camino empezando por el tiempo o el esfuerzo que supone trasladarse hasta el estadio, pasar frío en invierno o calor en verano. La militancia es otra forma de ejercitar el vínculo. Si el único sacrificio para seguir a tu equipo es pulsar un botón del mando a distancia, uno se aleja del escenario. Aunque no te pierdas ninguno de los partidos, de facto no hay ninguna diferencia de comportamiento entre ver a tu equipo, al eterno rival o una película de Marvel. Como mucho, solo el vecino notará la diferencia si eres de los que gritan en casa cuando marcan los suyos. Si acaso la distancia o la economía son las únicas justificaciones para que ir al campo no sea la prioridad del aficionado. La televisión supone un exilio sentimental voluntario. A veces ir al estadio es un privilegio del que solo puede disfrutar una minoría, concretamente los miles que caben en su aforo o los que todavía pueden pagarlo. Habrá quien considere eso elitista y defienda el poder democratizador de la televisión al llegar a una mayoría. Ambos mundos son compatibles. El riesgo es que los segundos acaben desplazando por completo a los primeros como viene sucediendo desde hace muchos años. El estadio debe mantener su halo aspiracional y el aficionado de estadio no puede perder su condición preferente. El hecho de que una cultura llegue a más gente no la hace necesariamente mejor. Y si el coste de una cultura de todos —advierte Sartori— es el desclasamiento en una subcultura incapacitada para conocerla, entonces la operación representa solamente una pérdida. «Si el maestro sabe más que el alumno, tenemos que matar al maestro; y el que no razona de este modo es un elitista», se quejaba el sociólogo italiano.

El espectador-líquido

No, el fútbol no puede ser solo un espectáculo. Es algo sujeto a unas normas que no se pueden alterar si la gente se aburre. No hay un guion preestablecido que se pueda adaptar a los gustos de cada público. El fútbol no es lo que algunos pretenden por la sencilla razón de que es real. Y la vida real es a veces injusta, imprevisible, siempre incontrolable. En ocasiones es simplemente aburrida, otras veces fea, pero es nuestra vida y hay que aceptarla como tal. La pertenencia a un club es eso. Hay rachas mejores y peores, esfuerzos no correspondidos, golpes de suerte, éxitos y fracasos. La derrota es parte del juego, algo habitual con lo que hay que contar y saber sobreponerse. La diversión no está garantizada.

Fomentar el fútbol como un espectáculo que culmina con el pitido final por encima de la adhesión inquebrantable a unos colores moldea un consumidor-cliente líquido que con toda seguridad se cansará pronto. Mañana ya no estará porque se habrá ido en busca de algo más espectacular, a la caza de nuevas y más extremas emociones, ya sea a través de los esports, un mundial de globos o lo que venga. Entonces los dueños del negocio se volverán en busca de la lealtad del aficionado de siempre y se encontrarán el fruto de años de desarraigo, maltrato y precios abusivos. El fútbol-negocio-espectáculo dejará de ser negocio-espectáculo el día que se pierda o se expulse del todo al aficionado tradicional. Porque ese día ya no habrá nadie dispuesto a pagar un dineral por ver un partido de fútbol. Buena parte de la motivación del turista adinerado es ver el ambiente y la atmósfera creada por el aficionado tradicional en su ecosistema de fútbol real y no verse rodeado de iguales participando de una impostura. Esa clase de cliente se cambiará a otro espectáculo que le proporcione más diversión y más autenticidad. Y ese día será difícil recuperar el fútbol porque al aficionado tradicional es muy difícil echarle, pero cuando lo consigan —están en ello— será aún más difícil recuperarlo de lo que fue expulsarlo. Entonces no quedará ni tradición ni negocio. Es entendible la búsqueda de vías de financiación, pero es importante no perder la perspectiva y mantener el equilibrio adecuado sin olvidarse de que lo principal es el fútbol y el aficionado. Hoy se ha roto ese equilibrio y el negocio ya no es un medio, es el fin en sí mismo, y las preocupaciones del socio, un obstáculo. Pero la paciencia y la economía del hincha no es infinita y el día que se agote se acabará, no solo el fútbol tradicional, sino también el fútbol-negocio.

Esta tendencia no es nueva, pero se ha acelerado en los últimos años en el marco de una sociedad entregada al consumismo que lo quema todo rápido. Zygmunt Bauman fue sociólogo y ensayista como Sartori. Dedicó parte de su obra a desarrollar el concepto de «modernidad líquida». Dejó dicho que el consumismo no gira en torno a la satisfacción de deseos sino a la incitación del deseo de deseos nuevos. Ganar no es suficiente si el de enfrente ha ganado más. La alegría por el título conseguido no es completa porque no se ha fichado a tal jugador. El recuerdo de la victoria en el último campeonato se convierte drásticamente en dudas si el equipo arranca el siguiente torneo con una derrota. La rueda del negocio seguirá girando siempre que la expectativa se sitúe en niveles inalcanzables. «La sociedad de consumo consigue hacer permanente esa insatisfacción», advierte Bauman. El mundo del fútbol entendido como un espectáculo que consumir no es ajeno a esta situación. Si no se cumple el objetivo un año, se considera todo un fracaso que obliga a cambiarlo todo. Da igual que el año anterior sí se alcanzase el éxito o que el entrenador de turno esté objetivamente preparado para el puesto. Se entiende el cambio como una virtud en sí misma, aunque el cambio muchas veces pueda ser a peor. Eso abre la puerta a fichajes multimillonarios inexplicables, explosiones de fama y carreras meteóricas que se diluyen antes de firmar el primer gran contrato. O justo después. Se exige un nivel de progresión constante en una asfixiante demanda de mejorar siempre lo alcanzado en el ejercicio anterior. En el caso español, además de la dualidad Madrid-Barça —personificada durante una década en las figuras de Messi y Cristiano Ronaldo—, también se ha establecido un relato en el que todo está justificado para mantener el dogma de la mejor liga del mundo, cada vez con menos adeptos. La única manera de reafirmar ese objetivo es mantener la hegemonía en las competiciones europeas y todo lo que no sea eso se considera fracaso. Luego uno asiste a países europeos con ligas consideradas menores y se encuentra con estadios abarrotados, aficiones felices identificadas con sus equipos y tremendamente activas. El fútbol, entendido como espectáculo, deriva en un negocio y se introduce en un bucle histérico y especulativo. A un jugador no se le perdona una racha de malos partidos, un tropiezo activa todas las alertas, cuatro derrotas desatan una catarsis general. «El consumismo es una economía de engaño, exceso y desperdicio», avisa Bauman, que incluye en su diagnóstico la exigencia de «pasarlo bien» como otra clave de este síndrome.

La historia no se compra

Los dueños del negocio han entendido a la perfección esa demanda de consumo sumando una cantidad ingente de partidos y competiciones al calendario futbolístico, muchos de ellos intrascendentes o prescindibles. Más minutos en las piernas de los jugadores, más cansancio, más riesgo de sufrir lesiones. Los torneos cuentan cada vez con un mayor número de participantes. Cada organismo quiere ampliar su negocio. La FIFA plantea que el Mundial se juegue cada dos años y no cada cuatro. Un total de dieciséis selecciones disputaron el Mundial de 1978, la cifra aumentó a veinticuatro finalistas en su edición de 1994, cuatro años después ya eran treinta y dos equipos. El vergonzante Mundial de Qatar fue el último que se jugó con esa cifra ya que la FIFA aprobó contar con cuarenta y ocho selecciones en la edición de 2026. La UEFA, por su parte, creó una competición nueva en 2018 que a día de hoy pocos saben explicar qué hay que hacer para ganarla. Se llama la Nations League y nadie conoce el aspecto que tiene el trofeo por el que se juega. Abro aquí un paréntesis: la solera de las competiciones y la consolidación de los trofeos es importante. Ganar la Copa de Europa hoy supone alcanzar la gloria por los muchos que la ganaron y la honraron antes. Si cambiamos cada poco tiempo la competición y su trofeo, serán necesarias décadas para adquirir la trascendencia de las que ya existen y cuentan con la legitimidad de la historia. Hoy un futbolista veinteañero levanta la orejona y será importante porque estará alzando al cielo los ocho mismos kilos que agarraron antes Baresi, Beckembauer, dos generaciones de la familia Sanchís, dos generaciones de la familia Maldini... Para valorar la trascendencia de eso es vital enseñar a los más jóvenes quién fue Alexanco antes o después de que descubra a Neymar, Modric o Gavi. Si cada poco tiempo se manosean formatos, competiciones y trofeos, será inevitable empezar a preguntarse por qué se lucha, por qué se llora o qué es lo que nos emociona exactamente. Alguien tendrá que explicar muy despacio por qué idear algo nuevo para generar más dinero es más importante que entrar en la historia, de lo poco que no se puede comprar.

Mientras unos y otros tensan la cuerda alumbrando nuevas oportunidades de negocio, las ligas nacionales ven amenazados sus calendarios y sus beneficios. Empresas y anunciantes aprovechan los veranos para organizar largas giras internacionales. Las concentraciones de preparación física en cercanos parajes montañosos han pasado a un segundo lugar en las pretemporadas. Ahora se priman los compromisos comerciales en lugares sin ninguna tradición futbolística. Recientemente también se ha variado una norma que llevaba décadas instaurada en Europa y que tenía que ver con el valor doble de los goles marcados en el estadio rival durante las rondas eliminatorias a ida y vuelta. Antes se clasificaba el equipo que convirtiese más tantos como visitante en caso de que ambos marcaran los mismos goles en el sumatorio de los dos partidos. Se reconocía así el mérito de sobreponerse a la desventaja de jugar en un campo desconocido. Esa norma se ha suprimido. Ahora vale lo mismo marcar fuera que en casa, lo que reduce las probabilidades de desempate y amplía las opciones de que una eliminatoria se alargue con una prórroga, antesala de los penaltis. Media hora más de fútbol y más razones para aumentar la factura a los anunciantes. Las tandas desde los once metros están de moda. Encajan a la perfección en la sociedad de consumo. Son sencillas, binarias, cortas, intensas, fáciles de entender, hay primeros planos de los jugadores que se convertirán en héroes o villanos en cuestión de minutos. Se experimentan muchas sensaciones en poco tiempo: miedo, seguridad, nervios, euforia, decepción. Cada lanzamiento es una historia que cabe en un vídeo de TikTok, ideal para la capacidad de percepción de un vídeo-niño.

Entre las características del consumismo está también la facilidad de desprenderse de sus viejas pertenencias para sustituirlas rápidamente por otras nuevas, lo fugaz es más atractivo que lo duradero. En esta tendencia hemos visto a equipos centenarios prescindir de símbolos tan capitales para el sentimiento de una hinchada como el propio escudo de la camiseta, el que te cosieron en tu primera bufanda cuando eras un crío. Estos atentados a la identidad merecen comentario aparte. De una forma más o menos sutil lo han sufrido ya la Juventus de Turín, el Inter de Milán, Osasuna, el Valladolid, el Atlético de Madrid, River Plate o el Leeds, entre otros. Hay algunas aficiones más combativas que han logrado revertirlo, otras están en ello, pero en la mayoría de los casos las quejas han chocado con un muro que aleja al hincha del poder de decisión sobre la identidad que creía inamovible de su equipo. Escucho al presidente de las peñas del Real Valladolid en una entrevista en Radio Marca. Sale de una reunión con el club en la que les han dado alguna explicación al cambio de su escudo del que se han enterado por sorpresa, como suele ser habitual. Política de hechos consumados. Eso a pesar de que, según les dicen, llevaban dos años trabajando para encontrar un modelo que fuese del agrado de todos. En todo ese tiempo a nadie se le ocurrió consultarlo con la afición, someter a votación varias opciones, combinar dos escudos, pero mantener el oficial bordado del pecho de la camiseta. El resultado, claro, fue un rechazo rotundo al cambio por parte de la inmensa mayoría de los colectivos de seguidores pucelanos y una fractura innecesaria por algo que nadie había pedido. El presidente de las peñas blanquivioletas se muestra más bien atónito en la entrevista. Su tono es de incredulidad, ni siquiera es indignación. Se comprende su estupefacción; los directivos le habían dicho que el escudo que su equipo llevaba décadas defendiendo en su camiseta había que cambiarlo porque se ve mal en las aplicaciones de los teléfonos móviles.

En este marco general la globalización también juega un papel a tener en cuenta dado que ha acentuado las incertidumbres de la sociedad del bienestar. Ante eso, el fútbol representará un refugio emocional siempre que mantenga intactas las certezas que uno creía para siempre. El antropólogo Alberto del Campo explicaba así esta idea en una entrevista para *El Confidencial*: «Cuando la gente experimenta que su destino ya no está regido por uno mismo, ni siquiera por los políticos, que las decisiones se toman muy lejos y que se produce una guerra y el petróleo sube al doble así que no se puede ir de vacaciones, siente cierto desasosiego de vivir en un mundo volátil, cambiante, en el que lo local, lo tradicional y lo propio se van diluyendo. Eso explica que se vuelva a contextos donde se vive la singularidad: "De acuerdo, todos somos seres humanos, pero yo soy del Betis"». Del Campo habla con la autoridad de haber sido futbolista y sus reflexiones las plasmó en un libro titulado *El gran teatro del fútbol*. A su juicio, esta vuelta a las certezas que representa tu equipo «genera esa idea de perennidad y estabilidad». «Ocurrirán guerras, se puede hundir el mundo, pero sabes que el Athletic va a jugar siempre con futbolistas vascos», dice a modo de ejemplo. Sin embargo, la cruda realidad nos muestra cómo los clubes, en lugar de reforzar esos vínculos sentimentales e incluso aprovecharlos comercialmente, también se lanzan a una conquista de mercados globales en detrimento de la personalidad que los hacía únicos e identificables, un suicidio a largo plazo.

No todo el que acude a un estadio lo hace con actitud militante, ni siquiera muchos socios. Cuando el Atlético de Madrid anunció por sorpresa un cambio en su escudo, una parte activa de sus aficionados recogió firmas contra esa decisión. Fue un día de partido en los aledaños del estadio Vicente Calderón, con capacidad para 55.000 personas. Se recogieron apenas 4.000 firmas. Hay quienes ni siquiera se habían enterado del cambio. Urge que el aficionado asuma su responsabilidad como custodio y portador de un legado y tome cierta conciencia de clase, que conforme una suerte de sociedad civil en los asuntos que le afectan. En su disculpa cabe el argumento de que el modelo apenas le brinda oportunidades para sentirse parte. La condición de mero cliente que le reserva el sistema actual es francamente desmovilizadora. En todas las aficiones hay un sector militante para el que su equipo no es una mera opción de ocio, y es normal que en los clubes que arrastran más interés ese porcentaje se diluya dentro de una masa social amplia y acrítica. Pero todos los equipos tienen un grupo más o menos presente de gente con vocación de ejercer un papel más relevante que el de simple cliente-espectador. A veces ni siquiera están organizados ni saben cómo hacerlo porque el modelo tampoco les da excesivas facilidades. Incluso las tradicionales peñas han perdido influencia en los estadios. Resulta desolador asistir a campañas de protesta en redes sociales donde las opiniones de seguidores de verdad se pierden entre comentarios que apelan a razones comerciales para justificar cambios como el de un escudo sin motivación histórica alguna. La tradición no puede supeditarse tampoco a criterios estéticos. Un cambio de identidad no está justificado por mucho que haya alguien a quien le parezca bonito el resultado. Es obvio que la mayoría de los clubes han ido variando algunos de los símbolos que les representaban a lo largo de los tiempos, pero siempre era fruto de una evolución natural no traumática o aceptada tras alguna fusión pactada y siempre de abajo arriba, no impuesta desde un despacho a miles de kilómetros de distancia por un presunto experto en marketing.

Defender la camiseta

El cambalache con las camisetas es otro buen ejemplo de la fugacidad consumista que lo invade todo. Cada año se renuevan las equipaciones, no solo la titular, sino que se elabora una segunda, una tercera y en ocasiones hasta una cuarta camiseta para disputar la temporada. Como es necesario exhibirlas para fomentar su venta, prácticamente el equipo acaba jugando con los colores que le representan solo los partidos que ejerce como local, y no siempre. Dicen que los futbolistas o el árbitro se confunden si ambos equipos coinciden en el color de la media o el pantalón. Va a ser eso, sí. Luego el Athletic Club y la Real Sociedad, con una coincidencia casi del 50 por ciento en sus uniformes titulares, juegan una final de Copa y no pasa nada. El Real Madrid llegó a disputar un clásico contra el Barça vestido de negro en el Bernabéu. Perdieron 0-4, así que imagino que el experto en marketing de turno se tuvo que comer con patatas una buena remesa de cajas con el invento. Justicia poética. Hay clubes que a estas alturas ya deben de haber agotado toda la gama de colores posibles en sus equipaciones alternativas, lo cual termina por desdibujar en las gradas un aspecto parecido al de un bote de Lacasitos. Es como si alguien introdujera una especie animal extraña en el ecosistema que terminara por alterarlo todo. Si algo debe presentar la grada es una coherencia cromática con los once que están en el césped. Los clubes se escudan en los contratos millonarios suscritos con las firmas que les visten, necesarios para mantener los salarios de la plantilla. Un señor en Oklahoma tiene reconocida por escrito la capacidad de convertir el diseño del sagrado manto en un experimento de ventas mientras tu delantero centro se compra otro reloj de 60.000 euros. ¡Calla y paga, cliente!

Corría la temporada 2004-2005 cuando el Athletic Club de Bilbao decidió celebrar su regreso a las competiciones europeas con un diseño innovador que le encargaron al artista Darío Urzay. Sustituyó las centenarias franjas rojiblancas por unas manchas. Todavía se recuerda aquello como la camiseta del kétchup. En esa ocasión, al menos, el malestar de una afición tan observante de la tradición como la del Athletic logró que se retirara la prenda. El bueno de Darío Urzay se adelantó unos años a la moda de perpetrar escarnios en el símbolo más importante para un aficionado.

Acabada ya la temporada 2021/2022, el Atlético de Madrid presentó su camiseta del año siguiente, un diseño de Nike con las franjas haciendo un dibujo extraño en zigzag en lugar de las tradicionales rayas verticales rectas. Desde el club corrieron a tratar de justificar el boceto apelando a la nostalgia. Dijeron que era un homenaje a los meandros del río Manzanares que bordeaba el Vicente Calderón, el anterior estadio rojiblanco. La explicación no calmó a la afición atlética, que pidió una reunión urgente con los responsables del club. El encuentro se produjo y a él asistieron varios representantes de la grada y el consejero delegado y máximo responsable del Atleti, Miguel Ángel Gil Marín. Fuentes presentes en la cita aseguran que se abordaron cuestiones identitarias como la camiseta, pero también el cambio del escudo años atrás. Gil Marín les reconoció que el volumen de ventas apenas había variado, lo que acredita el fracaso —al menos en este caso— de operaciones que atentan contra los símbolos más importantes en busca de mayores ingresos. No es sencillo encontrar estudios de mercado en los que poder medir el impacto de estas decisiones extravagantes. Me fijo en uno que me hace llegar mi compañero de *El Confidencial* Alfredo Pascual. Lo ha elaborado la firma alemana PR Marketing, dirigida por Peter Rohlmann. Dice que el Atlético de Madrid ha escalado posiciones en las listas de ventas de camisetas en los últimos quince años.

Los rojiblancos ocupan ahora un meritorio decimosegundo lugar cuando en el periodo 2006-2011 estaban hundidos en el veintidós. Han pasado de vender una media de 60.000 réplicas al año a alcanzar la cifra de 408.000 camisetas anuales. Algo más sí vendió, por tanto, pero no todos han sido diseños sonrojantes y sería tramposo desligar ese auge de la evolución deportiva en la que el club pasó de la irrelevancia a disputar siempre la Champions League, jugar finales y ganar títulos europeos. Todo esto, además, en un contexto general de incremento de ventas. La temporada 2020/2021 se saldó con dieciséis millones de camisetas de los equipos de las cinco grandes ligas, cuatro millones más que en el curso 2009/2010. Gana la Premier League inglesa con mucha diferencia, seguida por la Liga española, que pierde peso año tras año. Que los resultados deportivos tienen una incidencia mayor que la imaginación de los diseñadores de camisetas se aprecia nítidamente en el caso del AC Milan, un grande de Europa que lleva años luchando por recuperar la gloria perdida. Los *rossoneri* pasaron de figurar en el puesto once en ventas en 2007, cuando se proclamaron campeones de Europa, a un discreto décimo octavo escalón en 2021.

Los análisis de PR Marketing cuentan algunas cosas interesantes, como que el mercado de equipos en la máxima categoría del fútbol cada vez está concentrado en menos marcas. En lugar de veinticuatro fabricantes en 2015/2016, la cifra se redujo a dieciocho en 2022. Cada vez menos firmas con más mercado, menos competencia y más poder. El consejero delegado del Atlético de Madrid también reconoció a los representantes de la afición que no podían hacer nada porque el contrato con Nike les ataba de manos a la hora de auditar los diseños de las camisetas. Hoy la influencia de las marcas ha crecido, cada vez pagan más por vestir a los equipos. En cambio, el aficionado de estadio, el militante, ha perdido fuerza. Los ingresos por taquilla cada vez significan menos porcentaje de la financiación de los clubes. Hoy sería impensable, casi imposible, la retirada de una camiseta por muy ignominiosa que fuera. Los anuncios comerciales con los que se publicitan los nuevos diseños ni siquiera tienen el fútbol como eje principal del mensaje. El aficionado del equipo en cuestión no les interesa. Buscan adentrarse en otros mercados más allá del deporte. Los spots tienen ahora una puesta en escena más cercana a un videoclip de música trap. La camiseta de tu equipo convertida en complemento del urban style. Esta no la vimos venir. Los excesos que diagnosticó Bauman se expresan también aquí, en crear la necesidad de adquirir cada año una camiseta nueva: «El síndrome consumista ha degradado a la duración y ha ascendido a la fugacidad. Ha situado el valor de la novedad por encima de lo perdurable».

Guy Debord fue el alma del situacionismo francés. Un año antes de Mayo del 68 publicó *La sociedad del espectáculo*. El paso del tiempo ha demostrado que algunas de sus advertencias sobre las trampas de la espectacularización se han cumplido a rajatabla en el negocio del fútbol. Sostiene que «el espectáculo hunde sus raíces en una economía de la abundancia, y de ella proceden los frutos que tienden a dominar finalmente el mercado del espectáculo». Una vez introducidos en esa deriva caníbal, no hay argumentos emocionales que se resistan al espectáculo porque «es absolutamente dogmático, pero al mismo tiempo no puede desembocar en ningún dogma sólido. Para él, nada se detiene, tal es su estado natural». Y en la fórmula del éxito de este modelo encaja mucho mejor el aficionado en su salón que las gradas con personalidad propia ejerciendo de contrapoder. Debord lo explicaba así en el contexto histórico de la Europa que había alcanzado el estado del bienestar tras la Segunda Guerra Mundial y caminaba decididamente hacia la globalización: «La unidad irreal proclamada por el espectáculo enmascara la división en clases en la cual se apoya la unidad real del modo de producción capitalista. Lo que obliga a los trabajadores a participar en la edificación del mundo es lo mismo que les separa de él. Aquello que relaciona a los hombres, liberándoles de sus limitaciones locales o nacionales es lo mismo que les aleja a unos de otros».

Ante todo esto, alguien tendrá la tentación pesimista de repetir rápidamente el mantra de que son los nuevos tiempos y la evolución. Justificarán la espectacularización del fútbol porque solo con ella es posible seguir financiando la diversión y fichar a los mejores jugadores con opciones de competir frente a las nuevas potencias económicas. Esos argumentos solo sirven para justificar el crecimiento de una burbuja insostenible, inflada para dar cabida a la irrupción de un sinfín de actores nuevos que se interponen entre el aficionado y sus ídolos. Son perfectamente prescindibles y su presencia solo es viable gracias a ese pastel alimentado desde hace años con la espectacularización. Son asesores, representantes, agentes, el padre de la estrella que reclama su parte, comisionistas, intermediarios, la prima de fichaje, la voracidad del propio jugador que quiere otro coche en el garaje, el que cobra por decir que hay que cambiar el escudo, los fondos de inversión... la lista es obscena e interminable. La mejor prueba de la estafa es que la rueda lleva ya demasiados años en marcha y hoy sus principales impulsores se quejan de estar en la ruina. «Estamos todos arruinados [...] Hacemos esto para salvar el fútbol en un momento crítico», dijo Florentino Pérez para justificar un proyecto como la Superliga que prevé ahondar en la privatización del fútbol con una Liga semicerrada al estilo de la NBA. Están invitados los principales equipos, no por palmarés, historia o masa social, ni siquiera por su estado de forma actual, sino por presupuesto económico. El presidente del Real Madrid se aferró a una salida a la crisis económica mientras acometía una obra faraónica en el estadio Santiago Bernabéu con cientos de millones en costes y preparaba el fichaje de Mbappé en cifras inéditas hasta entonces. Al final, terminó fichando por cien millones de euros a un centrocampista defensivo francés del que nadie había escuchado hablar un año antes. Alegan una presunta ruina general, mientras lo que proponen no es cambiar el modelo, sino exprimirlo todavía más acentuando las diferencias entre una élite insaciable y el resto. El fútbol genera hoy mucho más dinero que hace cincuenta años, sin embargo, nunca han estado tan presentes las diferencias económicas. Si hay más dinero que nunca, ¿dónde se ha ido para que los más ricos articulen ese discurso de ruina constante?

El *New York Times* publicó una interesante investigación semanas después del primer amago de impulsar la Superliga por parte de doce equipos. Entre ellos, además del Real Madrid, estaban también el Barcelona y el Atlético de Madrid. El periódico estadounidense desveló en mayo de 2021 la existencia de conversaciones secretas durante meses entre la FIFA y un grupo de emisarios de la nueva competición bautizado como A22. Estaba liderado por dos inversores con sede en España que consiguieron que la FIFA se abriese a aceptar la Superliga a cambio de una condición: doce de sus equipos tendrían que participar en un futuro mundial de clubes, otra competición nueva organizada por el máximo gestor del fútbol con la que seguir inflando la burbuja y, de paso, terminar de enterrar la Champions League, la gallina de los huevos de oro de la UEFA, la poderosa federación europea. «La FIFA estaba de acuerdo», garantizó al periódico el presidente de uno de los equipos implicados. Para entender mejor este pacto secreto, la información añadía que el acuerdo incluía la renuncia de los clubes de la Superliga a cobrar sus honorarios por participar en el nuevo mundial anual organizado por la FIFA con los principales equipos del planeta. El precio de esa alianza nunca reconocida en público sería la nada desdeñable cifra de mil millones de dólares cada año. Así se entienden mucho mejor las posiciones de cada uno de los actores implicados. La cadena de reacciones contrarias —principalmente en Inglaterra— a una liga semicerrada en la que los méritos económicos pasaban a contar más que los deportivos dejó en stand by la Superliga y quedó en manos de los tribunales europeos. Mientras, el presidente de la FIFA, Gianni Infantino, se sumó de forma sospechosamente tibia y tardía a la oposición general al proyecto secesionista. Los medios de comunicación informaron en verano de 2022 del contragolpe de la UEFA para salvar su competición fetiche, la Champions League. Consistía en un nuevo contrato de derechos de emisión con la CBS estadounidense. El acuerdo es por seis años de duración y mejora al anterior en cien millones por temporada a cambio de retransmitir un nuevo formato del torneo con más partidos que garantizarán más ingresos a los clubes.

La privatización consentida

La histeria especulativa en la que se ve inmerso el fútbol tampoco ha significado una democratización real. Tomemos como ejemplo la máxima competición continental europea, la mayor aspiración deportiva a nivel de clubes. Hasta la década de los noventa, la actual Champions League solo la disputaban los campeones de las ligas nacionales. La edición de 1990, una de las últimas con el formato de la vieja Copa de Europa, la jugaron 32 equipos de 31 países. Casi todo el continente futbolístico se veía representado. Italia aportó dos clubes porque el campeón del año anterior, el AC Milan, tenía derecho a defender el título. No había ni rondas previas ni liguilla en la primera fase. Se hacía un sorteo puro y las eliminatorias a ida y vuelta empezaban en dieciseisavos de final. Hubo 61 partidos, la mitad que ahora, que son 120. El número de participantes sigue siendo el mismo, pero ya no son exclusivamente los campeones, sino que se potencia la presencia de los campeonatos más potentes. España aporta hasta el cuarto clasificado en la Liga. Eso ha desplazado a la mayoría de los países europeos. En la última edición apenas hubo once naciones representadas en la competición. Eso a pesar de que se abrió una fase clasificatoria previa en los meses de verano que amplió la cifra de posibles aspirantes, hasta 80 clubes de 54 países en la 2021/2022. Sin embargo, el palmarés histórico de la competición demuestra que esa ampliación no ha supuesto un aumento en la pluralidad de campeones, sino todo lo contrario. Entre 1962 y 1992 hubo 19 equipos distintos de 9 países que alzaron el trofeo. Entre 1992 y 2022 la cifra se ha reducido a 13 equipos de 7 países. Salvo excepciones y accidentes —porque esto es fútbol— existe un techo de cristal para una inmensa mayoría fuera de la élite económica a la que se condena a un papel de sparring antes de que los de casi siempre afronten las fases decisivas. La privatización es más nítida si se analizan los semifinalistas. Entre 1962 y 1992, hubo 55 equipos de casi otras tantas ciudades de 20 países europeos. Entre 1992 y 2020, y a pesar de que la competición en teoría acoge más aspirantes, el dato dice que 34 equipos de 11 países alcanzaron el penúltimo escalón a lo largo de estos últimos treinta años. La muestra es lo suficientemente amplia como para negar la reducción. La supuesta democratización del fútbol se demuestra cuando menos discutible. Son muchas las aficiones que se van quedando en el camino sin poder sentirse parte importante de la máxima competición. Ni siquiera ese consuelo de actor secundario le quedará ya a una mayoría de ciudades europeas con la Superliga.

El dinero se ha convertido en protagonista cuando hablamos de fútbol. Hoy un aficionado medio conoce antes los nombres de mánager y representantes como Mino Raiola, Jorge Mendes o Jonathan Barnett que al defensa titular de un equipo de mitad de tabla. Las negociaciones por un fichaje acaparan el tratamiento informativo no ya solo en verano, cuando no hay partidos, porque encaja a la perfección en ese ansia aspiracional de consumir que diagnosticó Bauman. Se ha asumido sin apenas resistencia el relato empresarial a la hora de explicar el fútbol. Términos como el techo salarial, palancas económicas y fair play financiero ocupan más minutos en los medios que lo estrictamente deportivo. Teníamos el aficionado de estadio, el militante, el de sofá, el futbolero y, desde hace unos años, también al aficionado contable que te cuadra un presupuesto antes que la alineación del partido de esa noche. Cada vez son más a los que les preocupa un balance de ventas que la sala de trofeos. Son esos que gastaron más tiempo de juventud jugando a ampliar el estadio del equipo de su pueblo en el PC Fútbol que a darle patadas a un balón en la calle o a pintar las lonas del tifo con las que animar al equipo local en la vida real. Abogan por que sus jugadores renuncien a gastar fuerzas en una competición que consideran menor al generar menos beneficios a las cuentas que manejan sus dirigentes de forma opaca, casi secreta. Prefieren fiarlo todo a clasificarse para disputar al año siguiente una competición europea porque les han dicho que eso da más ganancias. Qué horrible vivir así y rechazar voluntariamente la experiencia a veces única en la vida de ver a tu equipo levantar un título. A viajar con tus compañeros de grada a estadios y lugares desconocidos, formar parte de la historia de tu club siendo partícipe de algo irrepetible. Quien solo ha experimentado el fútbol a través de la televisión, no conoce lo que es eso.

Aquel hombre de la camiseta con la foto de su padre el día de la final no pudo resarcir su memoria. Su equipo perdió y la historia les siguió debiendo esa copa. Desconozco si el destino les brindará a ambos una nueva oportunidad. De lo que no tengo dudas es de que, si el bolsillo se lo permite, él, como tanto otros, no condicionarán su presencia junto a su equipo a la perspectiva de divertirse o no ante un buen espectáculo. Para mucha gente, esto seguirá siendo una causa.

3

Los audios de Florentino.
¿Quién controla el mensaje?

> TVE va a cambiar totalmente. Han metido a un director que es uno de los nuestros [...] Y todo esto irá bien, ya te lo digo. No nos queda más que el *Marca*. Hay que coger al *Marca*, macho. Ahora, porque con el *Marca* y con la TVE, se acabó todo. Ya no tienen a nadie, a nadie.
>
> FLORENTINO PÉREZ,
> presidente del Real Madrid

—¿Señor Florentino Pérez?

—¿Quién es?

—Soy Alejandro Requeijo, le llamo del periódico *El Confidencial*. Mire, señor presidente...

—No quiero hablar, se lo agradezco, muchas gracias.

Veinte segundos. Ese es el único intercambio que tuvimos con el presidente del Real Madrid antes de publicar la serie de informaciones «Florentino, en bruto» que, entre otras cosas, sacaron a la luz su utilización de los medios de comunicación para imponer su relato. Eso incluía, entre otras cosas, alentar campañas contra periodistas o jactarse de su capacidad para modificar la parrilla de la televisión pública que pagan todos los españoles con sus impuestos.

Sería absurdo pensar que lo que cuenta este capítulo es patrimonio exclusivo de Florentino Pérez o el Real Madrid. No es difícil imaginar que sucederá algo similar con otros clubes o sectores ajenos al deporte donde el poderoso acostumbra poner a prueba la capacidad de las instituciones para soportar presiones. Pero lo que se narra a continuación es la demostración de cómo se construyen relatos en el mundo del fútbol. Las siguientes páginas son un recorrido por una de las cocinas en las que se preparan los platos que degustan los aficionados cuando se ponen frente a la televisión, al sintonizar la radio o cuando se asoman a un periódico. Tiene el valor añadido de que no es una cocina más. El Real Madrid es el club con más peso en el mundo del fútbol y tiene al frente a uno de los mandatarios más longevos de cualquier entidad de relevancia en España.

Era el 12 de julio de 2021, Italia acababa de proclamarse campeona de Europa en el estadio de Wembley y media España estaba ya de vacaciones o haciendo la maleta. En la redacción del periódico éramos muy conscientes de que el material que teníamos en nuestras manos era dinamita. También del evidente interés general que justificaba su publicación. Por primera vez, los ciudadanos tendrían la posibilidad de escuchar en bruto a uno de los empresarios más poderosos del mundo, presidente asimismo de la constructora ACS, una de las compañías del IBEX 35 español. La información y los audios nos abrían las puertas de la trastienda en la que se cocinan las estrategias mediáticas que han marcado veinte años de debates futbolísticos en España. Arrojamos luz sobre el origen de mensajes que tienen consecuencias, condicionan decisiones y modulan el sentir de una afición hacia determinados temas o jugadores concretos. Florentino Pérez apenas concede entrevistas, se deja ver en el palco, pero pocas veces se le había escuchado opinar sobre cuestiones relacionadas con su gestión al frente de una de las instituciones más universales del planeta. Su referente siempre fue Santiago Bernabéu, el histórico mandatario del club durante treinta y cinco años. Construyó el vigente estadio madridista que lleva su nombre e impulsó la actual Champions League. Casi un siglo después, Florentino Pérez busca dejar su propio legado con otra obra revolucionaria en el mismo enclave del Paseo de la Castellana de la capital de España. Ya fue capaz de alterar el *skyline* de la ciudad. Sus cuatro torres más altas se erigen hoy como núcleo financiero gracias a una recalificación del terreno donde estaba la antigua ciudad deportiva blanca. Aquella operación, no exenta de polémica supuso unos ingresos considerables para las arcas del club.

El «ser superior»

Florentino Pérez ganó las mismas copas de Europa que su modelo a seguir en mucho menos tiempo. También se lanzó a la creación de una nueva competición europea conocida como la Superliga. La idea se entendió como una declaración de guerra en los organismos que regulan el fútbol europeo y las ligas nacionales. La motivación de Florentino no era la ambición por ganar títulos, ni siquiera acumular mucho dinero. Todo eso ya lo había conseguido. Es de esos perfiles a los que les mueve medirse con la Historia, dejar un legado. La leyenda blanca Emilio Butragueño optó por describirlo hace ya algún tiempo como un «ser superior». Todo esto teníamos en cuenta en la redacción cuando conseguimos la bomba de los audios del presidente blanco. Y decidimos publicar, claro. Pero volvamos a la llamada de teléfono a Florentino.

Quizá la gente ajena a la profesión no sepa que es habitual que, antes de hacer pública una información sobre alguien, se le llama para darle la oportunidad de replicar, matizar, contextualizar o sencillamente desmentir la información. Se le brinda el derecho a que se recoja su punto de vista en la noticia para que el lector tenga un conocimiento más amplio de la situación. En esas llamadas, el afectado tiene la posibilidad incluso de convencer al periodista de que los datos que maneja no son lo que parecen y hacerle ver que no hay tema. No fue el caso con Florentino Pérez. El presidente del Real Madrid rechazó siquiera atendernos, y así se lo dijimos a los lectores en las piezas que publicamos, cada una con su correspondiente audio. En esta ocasión no tuvimos que pedirle el teléfono a nadie, lo cual fue una ayuda para mantener el debido sigilo que exige el tratamiento de toda exclusiva y más una de esta envergadura. Florentino Pérez es una persona con una vasta red de contactos dispuestos siempre a echar una mano, aunque, a decir verdad, *El Confidencial* no es un buen sitio para tratar de evitar que se publique algo que su redacción considera que merece ser contado. Es un medio acostumbrado a informar sobre todo tipo de poderosos. Ha habido ministros del Gobierno que han tenido que dejar su cargo por informaciones publicadas en este medio, el que más y mejor ha informado también de las investigaciones en torno al anterior jefe del Estado, el rey emérito Juan Carlos I. Estrellas del fútbol enfrentadas con Hacienda, altos empresarios que se metieron en líos, políticos corruptos, miembros de las fuerzas de seguridad que se desviaron de su labor de perseguir delitos, grupos terroristas, mafias rusas... Es un periódico acostumbrado a soportar bien las presiones. Antes de los audios de Florentino Pérez, sus lectores pudieron conocer la presunta implicación del presidente de la eléctrica Iberdrola, Ignacio Sánchez Galán, en las actividades del polémico comisario José Manuel Villarejo. Estas incluyeron a Florentino Pérez en la condición de víctima de un presunto espionaje. Si en el mundo de la empresa y en el fútbol existen bandos, que no cuenten con *El Confidencial* para reforzar ninguna trinchera.

Yo tenía el número de teléfono del presidente del Real Madrid porque apareció en el sumario de la operación Púnica unos años atrás. Es la investigación relacionada con la trama de corrupción encabezada por el que fuera secretario general del PP de Madrid, Francisco Granados, delfín de Esperanza Aguirre. La Guardia Civil llevó a cabo en 2014 un operativo que se saldó con decenas de arrestos de políticos locales, funcionarios y empresarios. El caso es uno de los más longevos en los tribunales españoles. Se repartió en una docena de piezas separadas y al tiempo de escribir este libro apenas se había juzgado una, otra estaba en proceso y alguna, cerca de ello una vez dictado el auto de procesamiento, el paso previo al banquillo de los acusados. El resto de las piezas seguían inmersas en fase de investigación, enredadas en recursos o pendientes de más pruebas e informes. El núcleo del caso tuvo que ver con las concesiones para desarrollar servicios públicos a cambio del cobro de comisiones ilegales. Hablamos también de una de las tramas más mediáticas de cuantas inundaron las crónicas de tribunales en las que los periodistas hicimos la autopsia a una época de años locos en España al calor del pelotazo y la falta de escrúpulos. La operación Púnica era tan grande que derivó en multitud de subtramas, como la que provocó la aparición de Florentino Pérez entre los miles y miles de folios del sumario judicial. Fue por su relación con un individuo llamado Alejandro de Pedro, un actor secundario en esta película al que investigaban por cobrar dinero público a cambio de mejorar la imagen de algunos políticos en Internet. Su especialidad era colocar informaciones positivas en la red usando depuradas técnicas de posicionamiento en buscadores para que, al consultar un nombre, los titulares felices enterrasen las vergüenzas. La misma táctica se podía emplear para lograr el efecto totalmente contrario, es decir, para hacer aflorar noticias feas sobre enemigos concretos. Así es como nació *Diariobernabeu.com*, un chiringuito mediático gestionado por Alejandro de Pedro, pero controlado presuntamente por Florentino Pérez, a juzgar por los mensajes que constan en la causa.

«Ancelotti, pon a Bale»

El sumario dibuja al presidente del Real Madrid en el papel de jefe de redacción y editor. Las informaciones que publicaba apelaban directamente al trabajo del entrenador, sus alineaciones, contraprogramaba noticias negativas, juzgaba la labor de los árbitros y a enemigos como a Ramón Calderón, presidente del club entre las dos etapas de Florentino Pérez. Bajo la apariencia de ser un medio independiente, Alejandro de Pedro creaba las informaciones y luego les daba vuelo en las redes sociales para fomentar debates dirigidos y condicionar estados de opinión. El Real Madrid le pagó por estos trabajos 300.000 euros. «Acabo de cerrar con Florentino un supercontrato. ¡Oeoeoeoeoeoeoe oeoeoe! Ahora soy del Madrid. Jajaja. Soy un chaquetero». Así celebraba De Pedro el acuerdo con el conjunto blanco en sus mensajes personales, recogidos en las páginas del sumario del caso Púnica. También figuran los intercambios con su «redactor jefe», Florentino Pérez, para pedir, por ejemplo, la titularidad del galés Gareth Bale en el once con enfoques tan sutiles como este: «Ancelotti, pon a Bale».

Los mensajes muestran cómo el investigado en el caso Púnica informaba de todo a Florentino Pérez: «Presi, lo sacan ahora y te lo envío», «Buenos días, presi, hemos sacado dos artículos, hoy se mueven en redes sociales», «Estamos a tope con el tema del arbitraje, sobre todo sacando imágenes del pisotón en la cabeza de Busquets a Pepe», «Hace un rato que se cambiaron como pediste. Un abrazo». El presidente del Real Madrid le daba el visto bueno o le trasladaba instrucciones precisas: «Álex, no pongáis que media Europa está detrás de Isco porque, aparte de que no es verdad, nos va a terminar creando problemas», «Pones muchas cosas de Di María»... El trabajo incluía preguntar en las ruedas de prensa oficiales para sacar a la palestra los temas que le interesaban al palco. Uno de los redactores de *Diariobernabeu.com* que hacía esos encargos es hoy el jefe de Deportes de uno de los digitales más afines a la gestión de Florentino Pérez y entre los más leídos, según las mediciones de audiencia. El dominio de esa web, que era una herramienta de agitación y propaganda, se vende ahora por tres dólares. El primero y casi el único que publicó esta información fue el periodista de investigación Pedro Águeda en *eldiario. es*. Muy pocos medios se hicieron eco de esta exclusiva a pesar de su evidente interés general. Y los que sí la recogieron dejaban muy claro que venía de otro periódico, recurso habitual cuando alguna información quema. Luego apenas se le dio seguimiento. No recuerdo a nadie preguntando a Ancelotti qué pensaba de que su jefe le orquestara bajo sus pies campañas mediáticas para echarle a la gente encima si no sacaba a un jugador determinado. Sirva este caso para calibrar la atención que presta Florentino Pérez a todo aquello que se publica o se dice sobre él o sobre el Real Madrid, por más mínimo que esto sea, como un chiringuito mediático de nueva creación.

Florentino Pérez tuvo que explicar esta relación como testigo ante el juez. Lo hizo el 2 de marzo de 2015 durante 47 minutos y 23 segundos. Dijo que el contrato con De Pedro fue de un año de duración por una cantidad de hasta 300.000 euros y que el objetivo era medir el posicionamiento del Real Madrid en varios países como Brasil o China. El magistrado le avisó de que durante un tiempo le pincharon el teléfono al investigado y aparecieron sus conversaciones con él. «Me habrá llamado cuatro o cinco veces. Él intentaba contarme cómo iban trabajando», contestó el presidente del Real Madrid, que le hizo saber al magistrado su malestar por alguna de sus preguntas.

A mí me llegaron más tarde esos informes del caso Púnica, demasiado tiempo después como para volver a publicar lo que ya había contado antes un compañero. Pero los leí igualmente y no renuncié a mi costumbre de almacenar todos los números de teléfono que aparecían junto a los mensajes. El listado de teléfonos de un periodista es como una colección de cromos que nunca se acaba, unos hacen más ilusión que otros cuando los consigues, pero todos son necesarios. Y uno no sabe cuándo los va a tener que utilizar. El de Florentino Pérez no era un cromo cualquiera, aunque en mi caso no lo tuve que usar hasta aquella llamada de apenas veinte segundos desde la redacción. Recuerdo la primera vez que mi fuente me dijo que tenía algo relacionado con el presidente del Real Madrid. Yo había concertado una cita para hablar con él de otra cosa, y me lo comentó de pasada, casi con miedo de ponerme en un aprieto, como esperando que le contestara que con Florentino Pérez mejor no meterse. Pero el Real Madrid es junto al Barcelona, el Athletic Club y Osasuna los únicos equipos en el fútbol profesional que no se convirtieron en sociedades anónimas deportivas a finales del siglo pasado. Eso quiere decir que no pertenecen a un señor con capacidad para hacer lo que le venga en gana porque el club es de su propiedad. Los encargados de gestionar el Real Madrid se deben a sus aficionados. Los socios madridistas eligen a su presidente de manera democrática en unas urnas periódicamente y tienen la capacidad de escrutar y juzgar su gestión. Eso ya bastaba para justificar la publicación. Los dueños del Real Madrid podrían conocer con más amplitud a la persona a la que encomiendan la dirección de su equipo sobre aspectos que afectan a su club, empezando por leyendas históricas en torno a las que el presidente debía decidir renovaciones de contrato. También tendrían la oportunidad de escuchar a uno de los directivos más destacados de su junta reconocer de viva voz que, cuando sale al extranjero a hacer negocios con su empresa particular, entrega antes la tarjeta de visita del Real Madrid. Al final, todo el mundo se ablanda un poco con una invitación al palco del Santiago Bernabéu, convertido en catapulta de negocios e intereses personales.

Florentino Pérez ocupó cargos de relevancia durante la transición española en el partido de Adolfo Suárez, Unión de Centro Democrático (UCD), años antes de presentarse por primera vez como candidato a la presidencia del Real Madrid en 1995. Perdió aquel primer intento ante el entonces mandatario Ramón Mendoza. Lo consiguió a la segunda, cinco años después, y en 2004 fue reelegido para otro mandato arrasando a sus rivales en las urnas con un 94 por ciento de los votos. Dimitió en 2006, se arrepintió pronto y regresó sin oposición en 2009 porque nadie quiso enfrentarse a él en unas elecciones. Desde entonces, ha ido revalidando sus mandatos sin necesidad de esforzarse mucho en convencer a sus socios de que es la mejor opción para el puesto, entre otras cosas porque no hay rivales que se quieran medir con él en una campaña electoral. A eso ha contribuido también que, en este tiempo, Florentino Pérez ha ido modificando los estatutos del club para blindarse en la presidencia y cada vez es más complicado aspirar a sustituirlo. En 2012 acometió una reforma que endureció las condiciones. Estableció un mínimo de veinte años de antigüedad de socio para poder presentarse (antes eran diez años). La Ley del Deporte exige presentar un preaval económico del 15 por ciento del presupuesto general de gastos del club, que en el caso del Real Madrid no es el mismo que el de Osasuna, precisamente. Pero Florentino añadió un obstáculo adicional: para gobernar el Real Madrid, ese aval debe ser emitido por una entidad bancaria española y solo teniendo en cuenta el patrimonio personal de los candidatos. Los socios y compromisarios de la Asamblea General le dieron el visto bueno, y aquí paz y después gloria. Solo le quedó aprobar la exigencia de que el nombre del presidente del Real Madrid debe empezar necesariamente por F y apellidarse Pérez. La excusa era proteger al club de inversiones extranjeras o jeques árabes, pero ¿qué magnate lejano puede presentar veinte años de antigüedad ininterrumpida de socio? Un grupo de aficionados preocupados por la democracia interna de su equipo recurrieron judicialmente estos cambios y llegaron hasta el Tribunal Supremo, pero no lograron su objetivo de impedir que Florentino Pérez se eternice en el palco casi hasta que él quiera.

Su última reelección sin rivales fue en abril de 2021. Solo unas semanas después de eso, entré en el despacho del director de *El Confidencial*, Nacho Cardero, para comentarle a él y al jefe de Investigación del periódico, José María Olmo, la existencia de los audios del presidente del Real Madrid. La fuente me había permitido escucharlos previamente. Me citó en un lugar donde me estaba esperando con un ordenador y unos cascos para evitar que yo grabase nada a escondidas. Existen pocas sensaciones parecidas a las que experimenta un periodista cuando atisba una exclusiva. El corazón empieza a palpitar a toda velocidad y en la mente se atropellan los posibles titulares y enfoques, incluso el arranque del primer párrafo. Resulta difícil concentrarse en otra cosa o seguir con los temas del día a día que automáticamente pasan a parecer menores. Es casi inevitable imaginarse dándole al botón de publicar, que es el momento exacto en el que la ilusión da paso a los problemas, las llamadas de los jefes de prensa cabreados, las citaciones judiciales, los intentos de desmentido. Trabajar una exclusiva se parece mucho al alpinismo, cuesta llegar a la cima porque el recorrido es empinado, a veces es un muro y está plagado de obstáculos e imprevistos. Llegar a la cima produce una satisfacción proporcional a la dificultad y el esfuerzo invertido, pero uno sabe que todavía queda bajar. Ya en casa, con tiempo para reflexionar, es cuando uno termina de disfrutar lo logrado. Si el tema es sensible, es muy posible que conseguirlo no sea fácil o que haya más interesados. Empieza ahí un juego en el que no conviene cometer errores con las fuentes, que por norma general también saben que lo que tienen es muy valioso para cualquier medio de comunicación. Que se te note el exceso de entusiasmo no suele ser una buena manera de empezar. Detrás de toda exclusiva, siempre hay una o varias fuentes con sus propios intereses, que casi nunca coinciden con los del periodista. Sus motivaciones suelen ser una venganza, necesidad de cariño o deseo de reconocimiento. También hay veces, pocas, que el interés de la fuente es simplemente que la gente conozca la verdad. En otras ocasiones piden dinero, pero este no fue el caso. De haberlo hecho, ahí se hubiese terminado cualquier conversación. Pagar por informaciones, nunca. Nuestras armas de seducción son otras y tienen que ver con la confianza, la credibilidad del medio o del periodista que firma, también del número de lectores y la posible repercusión. Sean cuales sean las intenciones de la persona que tiene la información, el deber de la prensa debe ser siempre separar esos intereses y pensar en los del lector. El pacto de un periodista es con sus lectores, oyentes o espectadores. Si algo es relevante y está confirmado, se publica. De modo que a mis superiores les conté lo que había y les cité algunas de las frases textuales que más me habían llamado la atención de lo que había escuchado. Ni Cardero ni Olmo hicieron cálculos sobre las más que previsibles represalias y presiones que sufriría el periódico si se publicaba una cosa así acerca de un personaje tan poderoso. Su única indicación fue seguir adelante asegurándonos bien del terreno que estábamos pisando, confirmarlo y amarrarlo firme. Y cuando todo eso estuviera hecho, llamar antes al afectado para darle la oportunidad de replicar.

La fuente no se había decidido todavía a soltar la información cuando el jefe de la sección Deportes, Alfredo Pascual, se me acercó en la redacción. «Me gustaría hablar contigo de los audios de Florentino». Me lo soltó así, sin anestesia. Yo llevaba un tiempo tratando de convencer a la fuente para que me diera ese material en la más estricta confidencialidad y saber que otras personas podrían estar intentando lo mismo me generó mucha inquietud. La buena noticia en este caso es que al menos esas otras personas eran del mismo periódico. Lo que me contó Alfredo es que nuestro compañero Kike Marín también estaba detrás de conseguir la información, aunque por otra vía. Y además, la suya era mejor y prometía más frutos. Al habérselo comunicado también a Nacho Cardero, el director nos encomendó unir fuerzas. Kike Marín es redactor de Deportes y se mueve como pez en el agua en esa guerra de tronos constante que es el fútbol español. El periodismo deportivo se centra sobre todo en transmitir ilusión, analizar el juego de los equipos, discutir decisiones arbitrales, avanzar los fichajes de la próxima temporada, pero rara vez cuenta el engranaje que se esconde detrás de los focos. Hay un campo maravilloso en los despachos del deporte rey para cualquier periodista que tenga algo de ganas de investigar y dar noticias. Kike Marín es uno de ellos. Cuando llegó la información y las fuentes dijeron que sí, los tres nos encerramos a trabajar juntos, pensar los enfoques, redactar los textos, decidir el orden en el que irían saliendo las informaciones, en definitiva, a definir la estrategia para el partido, la alineación, los posibles cambios si el encuentro se complicaba. El director convocó un pequeño grupo que trabajó en la redacción de forma discreta esos días de verano. Incluía a los compañeros del equipo de diseño y audiovisuales, y todos bajo la batuta directa del director adjunto, Ángel Villarino, la persona que estuvo junto a Alfredo y yo el día que llamamos a Florentino. Mucha gente se preguntó esos días por qué *El Confidencial* publicó en ese momento los audios. La pregunta iba acompañada de múltiples teorías conspiranoicas. Sirva esta sucesión de hechos para contestar a esta cuestión.

En este proceso entra en juego otra figura clave de toda redacción con cierta vocación de meterse en líos, algo inevitable cuando se practica un periodismo de investigación que tira a puerta. Hablamos del abogado del periódico. Aunque la última palabra siempre es del director, la opinión del abogado se tiene muy en cuenta en situaciones como esta. Sus ojos revisan los textos para detectar riesgos, pensar en las posibles consecuencias legales de un titular, un párrafo o una expresión que el redactor consideraba inofensiva, pero puede acabar costando una demanda. Sus sugerencias son como pequeñas barricadas que se levantan contra las estrategias que pudiera desplegar el abogado contrario. Y a nadie se le escapa que alguien como Florentino Pérez cuenta con un buen equipo de letrados. El «señor lobo» de *El Confidencial* se llama Guillermo y soluciona problemas. Es el tipo de persona que uno agradece tener a su lado si las cosas se complican. Como el personaje de Robert Duval en *Apocalypse Now*. Cuando en el ambiente huele a napalm y arrecian las bombas por todos lados, él no ve motivos para dejar de surfear sobre las olas. Aquellos días hablamos mucho con Guillermo, quien también vio justificados los motivos para publicar conversaciones de uno de los hombres más poderosos del país.

Los medios y el caso Mbappé

Una de las obligaciones del periodista es proteger a sus fuentes, y no seré yo quien desvele el origen de ninguna información. Pero es importante dejar claro que las conversaciones que publicamos no eran precisamente confidencias del presidente del Real Madrid en la intimidad de su hogar a su círculo familiar. Tampoco hicimos públicos comentarios personales que no tuviesen relación con su cargo. Las conversaciones en las que se muestra a «Florentino Pérez, en bruto» abarcan un periodo de varios años con diversos interlocutores. El presidente del Real Madrid no se desahogaba en un ambiente relajado con amigos del colegio, sino que impartía doctrina en diferentes ámbitos con ánimo de reforzar posiciones en sus contiendas al frente del club, algunas contra leyendas de la institución que preside. Entre los señalados por él hay algunos nombres que ocupan cargos de responsabilidad actualmente, como es el caso de Roberto Carlos o Raúl González Blanco. El «siete» madridista marcó 323 goles y jugó 741 partidos a lo largo de dieciséis temporadas en el Real Madrid, lo que le convierte en uno de los futbolistas más importantes de la historia, capitán durante muchos años y artífice de no pocos trofeos que copan las vitrinas del Santiago Bernabéu. Sin embargo, en esas conversaciones Florentino decía de él que era «una estafa», entre otros calificativos negativos. Conocer el relato que Florentino Pérez establecía desde el anonimato permitió por primera vez al aficionado merengue asistir, por ejemplo, a los detalles que dan contexto a una larga lista de figuras forzadas a salir por la puerta de atrás, desde el propio Raúl a Iker Casillas y Sergio Ramos pasando por Zinedine Zidane o Vicente del Bosque. En su última despedida, el entrenador francés alegó la falta de apoyo del club. Aquello se interpretó como la respuesta a recurrentes titulares que ponían en duda su continuidad tras alguna derrota. Se apoyaban en fuentes a menudo difusas y de origen desconocido. Sobre Del Bosque dijo que era un «zoquete» y le culpó de ser el origen de todos los males que hicieron colapsar el llamado Madrid de «los Galácticos».

Aquella fue la primera gran obra de Florentino Pérez. Reunió en la misma plantilla a muchas de las principales figuras del momento. Su primer gran golpe de efecto fue arrebatarle al Barça a su capitán y emblema, el portugués Luis Figo. Con esa promesa ganó sus primeras elecciones y comenzó a edificar un relato en torno a su figura que le ha acompañado desde entonces. Le presenta como un gestor infalible capaz de conseguir todo lo que se propone y fichar a los jugadores más codiciados del planeta. El Real Madrid es por tradición un club presidencialista y Florentino Pérez ha abundado en esa idiosincrasia. Las grandes decisiones siempre han estado basadas en su voluntad última. El relato destaca también un pasado como aficionado del club blanco que le dota de un presunto conocimiento para entender de fútbol a diferencia del perfil cada vez más extendido de magnates que gestionan clubes sin especial interés en saber por qué pasa lo que pasa en el césped. Los audios de Florentino Pérez sirven para revisar algunos de estos conceptos.

Poco después de que difundiera la incapacidad de Del Bosque tras décadas de servicio al Real Madrid, el entrenador salmantino guio a la selección a la conquista del Mundial de Sudáfrica, la cota más alta alcanzada nunca por el fútbol español. En su lugar, el Real Madrid contrató a un tipo llamado Carlos Queiroz, que dominaba idiomas y venía de ser asistente de sir Alex Ferguson en el Manchester United. Apenas duró unos meses. Fue el primero de una cadena de erráticos entrenadores que no dieron resultados. Sobre Casillas, Florentino Pérez vaticinó que no era portero para el Real Madrid, que no tenía estatura y difundió que sufría un presunto problema en la vista. En sus conversaciones manifestaba su preferencia por el arquero italiano de la Juventus de Turín, Gianluigi Buffon. Casualidad o no, casi todas estas reflexiones aparecían después en la prensa de forma más o menos velada o en boca de columnistas y creadores de opinión que las asumían como propias o citando fuentes del club sin identificar. Casillas jugó diez años más en el Real Madrid antes de salir por la puerta de atrás. Protagonizó muchos de los éxitos del club y la selección española, pero hasta el final convivió con campañas mediáticas en su contra que, entre otras cosas, le acusaban de ser desleal con el equipo de su vida y filtrar informaciones a la prensa.

Cuesta concebir como algo del pasado la influencia de Florentino Pérez en el control del mensaje. Basta echar un vistazo al caso Mbappé. Durante años, periodistas y medios de comunicación dieron por hecho un fichaje que no fue tal, pero que alimentó una ilusión que se usó para calmar las malas expectativas iniciales de la temporada en lo deportivo. La realidad demostró que jamás existió ninguna firma del jugador del PSG que respaldara tales titulares. Las revelaciones de *El Confidencial* mostraban a quien quisiera verla la *smoking gun* que dispara los mensajes que luego acaparan los informativos, condicionan los debates, inclinan los enfoques y guían las tertulias. Una vez que se confirmó que Mbappé no se movería de París, algunas voces del periodismo llamaron a hacer autocrítica. El programa de radio nocturno más escuchado del país abordó la cuestión con varios invitados. Uno de los más veteranos en la tertulia defendía sin rubor alguno que habían ejercido bien su labor porque se limitaron a contar lo que les decía el presidente del Real Madrid: «Cuando han dicho [los medios] que va a jugar en el Real Madrid es porque la única fuente de la que emana información en el Real Madrid, que es su presidente, así se lo ha dicho a esos informadores». Lo decía a modo de defensa y no de crítica hacia los periodistas que dieron por buena una información transmitida, se entiende que verbalmente, por una sola fuente. «¿Te parece poco?», insistía ofendido este experimentado periodista deportivo días después de que los hechos constatasen que, efectivamente, una sola fuente sí es poco. Cuando pasa una vez, es disculpable. Cuando esa dinámica se mantiene en el tiempo, se puede empezar a dejar de hablar de error para llamarlo otra cosa. Es sistémico.

Lo que se esconde detrás de la serie «Florentino, en bruto» es el *modus operandi*. El objetivo de esas reflexiones del presidente, las pensase de verdad o no, era el deseo de apuntalar posiciones en el plano empresarial, mediático y también deportivo. La hemeroteca acredita que de esos cenáculos de poder salían consignas muy distintas a sus declaraciones públicas ante micrófonos de radio o cámaras de televisión. En el intento de desacreditar los audios hubo muchas reacciones por parte de los medios de comunicación. Mi favorita quizá sea la de aquellos que informaban de ello con titulares que cuestionaban la difusión de las conversaciones del mandatario, pero al mismo tiempo invitaban al lector a informarse de todo lo que decía Florentino Pérez si se hacía clic en su noticia. Monetizaban con visitas a su web la exclusiva de otro medio al tiempo que la criticaban. Se aprovechaban de que *El Confidencial* apostó hace tiempo por el modelo de suscripción, en buena parte para ganar independencia económica y reforzar el pacto con sus lectores, quienes mayoritariamente escribieron mensajes de felicitación y reconocimiento a la redacción del periódico esos días. Fueron varios medios los que obviaron el qué de la información y se lanzaron a investigar el cómo, es decir, el origen, la fuente. En ese empeño hubo una radio que actuó en feliz coreografía con el Real Madrid aquellos días de verano. Señaló a un veterano locutor como la persona que durante años estuvo grabando a Florentino Pérez. Según su información, luego habría chantajeado al club para cobrar una millonada a cambio de no difundir los audios. Apenas unas horas después, el Real Madrid salió con un comunicado oficial avalando esa información. Lo que obviaba esta estrategia es que *El Confidencial* estaba publicando conversaciones que habían tenido lugar hasta un año después de la presunta extorsión. La conclusión era evidente: o a Florentino Pérez no le importó seguir reuniéndose con una persona que supuestamente le grababa con malas intenciones o el Real Madrid estaba errando otra vez el tiro sobre el origen de la información tras haberla atribuido inicialmente a una venganza contra la Superliga.

«Va a ser un programa madridista de Ferreras»

Uno asume que su trabajo ha sobrepasado los límites normales de una noticia cuando suceden tres cosas. La primera es que tus amigos manden al chat de WhatsApp la información sin siquiera reparar en que la firma uno del grupo. Es la prueba de que se ha viralizado y ya ha salido de ese circuito limitado en el que muchas veces nos movemos un sector del periodismo y que integran básicamente lectores fieles, fuentes e implicados. En lo referente a Madrid, ese eco relativo pero muchas veces influyente se suele describir con cierto rechazo como «la burbuja de la M-30» en alusión a la vía de circunvalación que rodea el centro de la capital. En el caso de la serie «Florentino, en bruto» supuso una sensación muy estimulante escuchar días después a dos desconocidos comentar el tema en la mesa de al lado de una terraza de hotel cerca de la playa, a muchos kilómetros de distancia de la M-30. La segunda reacción que da idea de la dimensión de las revelaciones es cuando empiezan a llamar personajes temerosos de ser los siguientes en salir: «¿A mí me ha grabado?», «¿Salgo yo?», «Si me cita, me gustaría explicaros antes de que publiquéis algo, por favor. Yo soy muy amigo de tu jefe»... estas son algunas peticiones habituales en este tipo de escenarios. La tercera evidencia es cuando llaman compañeros de la competencia para conocer de qué va la siguiente entrega. De alguna forma se filtró que íbamos a publicar los audios sobre Florentino hablando de los medios de comunicación. De entrada, eso ya provocó un cambio en la postura de algunos periodistas que en los días previos habían criticado abiertamente las informaciones. De pronto pasaron a ser más cautos. Entonces, ya sí, comenzaron a darle cierto valor a las revelaciones.

El periódico afloró la guerra de Florentino con el grupo Prisa, editor de *El País*, la Cadena Ser o el diario *As*, así como con algunos de sus nombres más conocidos. También se jactaba de las maniobras para eliminar un programa de tertulia de la televisión pública nacional que se llamaba *El Rondo* donde sus colaboradores debatían acerca de asuntos deportivos de actualidad y que finalmente dejó de emitirse. «*El Rondo* no existirá más, nunca más. Va a ser un programa madridista de Ferreras», se le escuchaba vaticinar a Florentino Pérez en los audios en referencia al hombre fuerte de La Sexta y Atresmedia, Antonio García Ferreras, exdirector de Comunicación del Real Madrid en la etapa de «los Galácticos». El actual presidente blanco presumía de contar con el apoyo de un alto directivo del ente público que acabó trabajando para el club tiempo después. En sus conversaciones puso de ejemplo el caso del veterano periodista Roberto Gómez al que le habían rescindido el contrato en TVE. También se mostraba dispuesto a emprender acciones legales contra Tomás Roncero, conocido por ser madridista confeso. Contaba incluso cómo directivos del mundo de la empresa recurrían a él para «meter en vereda» a periodistas como el director de *Okdiario*, Eduardo Inda, lo que acredita el poder de influencia que le atribuían a Florentino Pérez sobre algunos elementos de la prensa. En la misma entrega de la serie «Florentino, en bruto», el presidente del Real Madrid se jactaba precisamente de haber colocado a Inda al frente del diario *Marca* porque él mismo presionó al entonces director de *El Mundo*, Pedro J. Ramírez, dado que ambas cabeceras formaban parte del mismo grupo editorial de comunicación.

Roberto Gómez concedió una entrevista, y sus palabras sirven para contextualizar los comentarios del presidente madridista: «*El Rondo* lo quitó Florentino Pérez y para mí fue un error, porque es el cañón más grande que hubo, superando a veces a la película de La 1. [...] Se cargan *El Rondo*, va Pedrerol a TVE y presenta *Club de Fútbol*, que no era lo mismo. Después, se va a Intereconomía con *Punto Pelota* y ahora *El Chiringuito*». Este último programa se emite desde hace algunos años en uno de los canales del grupo Atresmedia y lo presenta Josep Pedrerol. Casualidad o no, el plató de ese espacio es el lugar que eligió Florentino Pérez para ofrecer sus últimas entrevistas. En una de ellas, anunció el proyecto de la Superliga y en otra compareció tras ganar la decimocuarta Champions League y el fichaje frustrado de Mbappé. No se puede decir que las preguntas fuesen precisamente difíciles. Josep Pedrerol acudió en 2021 a una charla coloquio en la Universidad Complutense de Madrid. El público eran futuros periodistas y el presentador de *El Chiringuito* se enfadó con alguno de los conferenciantes que habían tomado la palabra antes que él porque, a su juicio, habían menospreciado su programa. Visiblemente airado y dando golpes en la mesa, para reivindicarse dijo lo siguiente: «Periodismo es decir que Mbappé solo quiere ir al Madrid y eso lo dijimos nosotros. Y ayer Mbappé confirma lo que dijimos en *El Chiringuito*, ¿entendéis? Eso es periodismo. Que nadie os diga lo que es periodismo, que nadie os diga lo que está bien y lo que está mal. Periodismo es contar la verdad, acercaos a la verdad [...] ¿Espectáculo o no espectáculo? Pasémoslo bien». Mbappé se quedó en París. *El Chiringuito* acostumbra hacer programaciones especiales cuando la actualidad lo demanda, sin embargo, no informó nunca del contenido de los audios de *El Confidencial* que estuvieron en boca de todo el mundo, incluso en la prensa internacional. Ni para bien ni para mal. Silencio. «Va a ser un programa madridista de Ferreras». Un amigo sostiene con cierta sorna que Florentino Pérez echó a los radicales del Bernabéu y los metió en los platós.

La relación entre Ferreras, el hombre fuerte de La Sexta, y Eduardo Inda fue motivo de polémica un año después de la publicación de los audios de Florentino Pérez. Se les acusó de haber urdido una trama para hundir electoralmente a Pablo Iglesias de la mano del polémico y omnipresente comisario Villarejo. Lo cierto es que la realidad y el contexto de esa presunta trama que denunció Pablo Iglesias es algo mucho más complejo. Compañeros especializados en guerras mediáticas llevan años informando del enfrentamiento entre Ferreras, La Sexta y Florentino Pérez contra la productora Mediapro y su responsable, Jaume Roures, mecenas de la carrera radiofónica que emprendió el fundador de Podemos tras dejar la política institucional. Pero esta maraña daría para otro libro distinto.

El impacto de la noticia sobre los audios de Florentino Pérez generó todo tipo de comentarios en la calle y entre los aficionados al fútbol en particular. Hay dos reacciones que se repitieron mucho y me parecieron especialmente significativas. Estaban los que dijeron que esto ya se sabía. Los había, osados, que negaban el valor de la información porque ya era algo de dominio público. Otros se referían a que no les cogía de sorpresa. Esto último tiene algo que ver con la imagen que se asume del poder y que para mantenerlo es necesario saltarse de vez en cuando alguna línea roja. De nuevo el cinismo como señal de estatus. Confieso que aquellos días fueron muchos los compañeros de profesión que admitieron en privado conocer estas prácticas desde hacía tiempo y que se habían mantenido en silencio o habían trascendido si acaso como rumores. Llamadas a un jefe de sección, cambios de titulares, temas que quedaban guardados en un cajón, periodistas que dejaban de colaborar al tiempo que otros empezaban a tener espacio en casi todos los canales. El exdirector del diario *El Mundo* y actual columnista de *ABC*, Pedro G. Cuartango, concedió una entrevista al periodista David Lema. Este le preguntó qué pasó cuando en 2016 se disponía a publicar la serie de informaciones conocida como Football Leaks que desveló casos de corrupción relacionados con el mundo del fútbol. La respuesta de Cuartango abunda en esas llamadas que tantas veces quedan entre los secretos de redacción: «El editor del periódico me llamó una semana antes para pedirme que no lo publicara, me dijo que perjudicaba los intereses del Real Madrid, y yo le contesté que me daba lo mismo, que yo era un periodista y que era una historia de interés público y que la iba a publicar». Cinco meses después, dejó de ser director de *El Mundo*.

El otro comentario bastante extendido defendía que el tiempo había dado la razón al presidente del Real Madrid. Incluso que salía reforzado en su versión menos protocolaria porque sus ataques y sus motivaciones estaban justificadas. Todas las reacciones son legítimas. La publicación tenía el interés de arrojar luz sobre terrenos hasta entonces inaccesibles, pero las conclusiones son libres. Seguro que hay mucha gente que está de acuerdo con Florentino Pérez. Puede que hasta una mayoría de gente crea que Raúl era mala persona, que Vicente del Bosque era un zoquete o que el bueno de verdad era Buffon. Pero es más fácil coincidir si durante veinte años has estado oyendo solo la versión de una de las partes sin oposición ni alternativa. ¿Alguien ha escuchado a los aludidos defenderse de las acusaciones? *El Confidencial* se puso en contacto con muchos de los señalados por Florentino Pérez para darles la oportunidad de responder. Solo Figo dijo haber llamado al presidente blanco para pedirle explicaciones. Una vez descendida la montaña, una de las conclusiones tras la publicación de los audios de Florentino fue asumir la importancia de que el aficionado con conciencia de serlo articule una actitud crítica ante ciertos relatos. Si te engañan una vez, la culpa es del otro, pero si te engañan dos, la culpa es tuya.

Florentino Pérez emprendió acciones legales contra *El Confidencial* y contra el veterano locutor al que señalaron como fuente informante del periódico. Más de un año después, llegó la sentencia de primera instancia. Uno de los puntos en los que más se extendió la resolución fue en dejar claro que no hay manera de saber quién facilitó las grabaciones a los periodistas. A lo largo de 25 folios, la jueza no apreció indicios de un delito de revelación de secretos, absolvió al medio del delito contra la intimidad del mandatario, pero sí apreció extralimitación en algunas expresiones hasta el punto de incurrir en una intromisión ilegítima en el honor del presidente del Real Madrid. «Lo ganaremos en apelación», vaticinó nuestro abogado Guillermo, que sigue sin hallar razón alguna para dejar de hacer surf en cualquier playa.

4

El saqueo de las entradas

> El tipo puede cambiar de todo; de cara, de casa, de familia, de novia, de religión, de Dios. Pero hay una cosa que no puede cambiar. No puede cambiar de pasión.
>
> Juan José Campanella
> y Eduardo Sacheri,
> guionistas de *El secreto de sus ojos*

Las colas alrededor de un estadio para conseguir una entrada son la meritocracia del fútbol, gana el que más horas esté dispuesto a echarle. No me refiero a un partido cualquiera, sino a uno importante. Esos que te exigen hacer malabares con el trabajo, la familia, los ahorros, tu vida, para aguantar lo que sea necesario hasta conseguir un papel que da derecho a ser parte de una noche de gloria junto a tu equipo. El ritual acaba con la entrada en el bolsillo. Te da hasta miedo sacarla, aunque lo haces para mirarla una y otra vez. «Puerta 22. Sector 237. Fila 12. Asiento 6». Me gustan las colas de siempre porque son democráticas e igualitarias. Es una fila y una ventanilla al fondo, no hay más. Nadie parte con ningún privilegio. La fila tiene unas normas claras y sencillas, se basan en la resistencia. Uno se planta ahí, saluda educadamente al llegar, pregunta quién es el último y empieza a esperar. Se celebra cada pasito hacia delante como un contragolpe, como esos partidos agónicos en los que vas con el marcador a favor y los minutos tardan una eternidad en caer. Y otro pasito más, ya falta menos. Los hay que van preparados con sillas, mantas, termos de café, una baraja de cartas. Cuando les toca avanzar, desplazan todo el campamento como los que apuran en primera línea de playa y les sorprende la marea. Es inevitable matar el tiempo calculando las personas que tienes por delante y el número de entradas asignadas a cada afición, siempre menos de las que deberían. Si estás dentro, respiras y no te mueves del lugar. Si la cosa no está clara, toca sufrir o buscar alguna cara conocida un poco más adelante, no sé si me explico, la picaresca también juega. El motor es el anhelo de conseguir la entrada. Es en esas colas donde el seguidor comienza a disputar su partido. Es ahí, días antes del pitido inicial, cuando afloran los primeros nervios ante la perspectiva de que, al llegar a la taquilla, te digan que se han agotado. O que solo quedan en los sectores más caros. Podría quedar algo en las de visibilidad reducida. En casi todos los estadios hay zonas en las que tienes una columna delante, una mampara que no te deja ver, un videomarcador de grandes dimensiones que te tapa el córner contrario, los banquillos sobresalen demasiado, el cámara de televisión... Se venden sueltas a precios más reducidos y suelen ser siempre la última opción antes de vender tu alma a la reventa.

Nada está garantizado en una cola. Como en los noventa minutos reglamentarios de un partido, a pocos metros del final siempre puede sonar el móvil anunciando una emergencia, tu jefe preguntando dónde estás, la guardería avisando de que el niño se ha vuelto a poner malo y tienes que ir a recogerlo. Yo suelo tener a mano un amigo con poco que hacer generalmente al que recurro para que me sustituya en momentos de urgencia mayor. Siempre es el mismo y tiene gracia porque no sabe nada de fútbol. Hay que darle instrucciones muy precisas sobre las diferencias entre un fondo y una grada de preferencia. Es una buena amistad, ciertamente. Todo el esfuerzo que exige una cola tiene mucho de causa, es pura militancia. Se puede llegar a pasar verdadero calor en una fila. Por norma general, son más habituales en las fases finales de los campeonatos y coinciden con fechas preveraniegas. También se pasa mucho frío las noches de guardia en los aledaños de cualquier estadio español, da igual el que sea.

Hablo en todo momento, como es lógico, de las colas de antaño. Ahora conseguir una entrada para una final supone adentrarse en un proceloso mundo de formularios, requisitos y suerte. En el progresivo desprestigio del sentimiento en torno al fútbol, alguien decidió que las aglomeraciones son tercermundistas. El progreso es sentarse delante de una pantalla de ordenador a pelearse con una página web que se cuelga todo el rato, colapsada por el aluvión de visitas. La igualdad era poder pulsar todos juntos el F5 en cualquier rincón del planeta. La expansión del fútbol era que tu equipo tenga que jugarse un título en otro continente por culpa del capricho de regímenes dudosamente democráticos que buscan blanquear sus vergüenzas ante el mundo pagando grandes cantidades de dinero por organizar competiciones. Sus patrocinadores han acuñado incluso un término que no es otra cosa que la coartada con la que lavar sus conciencias; a esta modalidad de expolio la llaman «diplomacia deportiva». Con ese afán se construyen estadios mastodónticos sin alma en latitudes sin ninguna tradición futbolística. La lógica dice que, a mayor capacidad de aforo, más oportunidades de conseguir entradas. Sí, pero no. La final de la Europa League del año 2019 la disputaron el Chelsea y el Arsenal, dos equipos ingleses. Y el partido se jugó en Bakú, Azerbaiyán, a 4.618 kilómetros de Londres. No es precisamente el desplazamiento más barato. El Estadio Olímpico de la capital del país asiático cuenta con 70.000 localidades, en España eso solo lo superan el Bernabéu y el Camp Nou. Pero la UEFA concedió la irrisoria cifra de 6.000 entradas para cada equipo. El resto, 58.000 asientos, estaban reservados en su mayoría para satisfacer compromisos comerciales, patrocinadores y demás intrusos. Solo el Arsenal ya cuenta con 45.000 abonados. Ese mismo año, el último antes de la pandemia, la final de la Liga de Campeones la disputaron el Liverpool y el Tottenham en el Estadio Metropolitano de Madrid, 68.500 asientos. En este caso la UEFA no fue mucho más generosa, apenas 16.000 entradas por equipo. La vuelta del público a los estadios no parece que haya cambiado gran cosa la situación.

¿Quién se queda con las entradas?

La última edición de 2022 la disputaron el Real Madrid y el Liverpool en el Estadio de Francia, con capacidad para 81.000 espectadores [se inhabilitaron 6.000 localidades por motivos de seguridad]. Pues cada equipo recibió 19.618 entradas con precios comprendidos entre 70 y 690 euros, cada vez más caros. Entre lo destinado a los dos equipos no sumaban ni la mitad del estadio. De ese pírrico número de entradas, luego los propios clubes meten un pellizco por su parte para satisfacer también compromisos particulares o repartir entre jugadores, directivos y empleados. Algunos de estos últimos aprovechan para hacer su negocio personal revendiendo a precios desorbitados la entrada de un partido por el que nunca tuvieron el más mínimo interés. Ser empleado de un club no exige necesariamente ser seguidor del equipo, aunque debería. De las 19.618 que recibió, el Real Madrid se quedó con casi 4.000 boletos. Fueron a parar a diversos estamentos del club empezando por los componentes del primer equipo, que obtuvieron la nada despreciable cifra de 1.050 entradas. Hagan cuentas y miren a ver cuántas le tocan a cada uno. A su lado, resulta irrisoria la cifra de 100 entradas reservadas para los socios más antiguos. El club blanco tiene una masa social inmensa por lo que esta pequeña parte del pastel solo se puede interpretar como una medida cosmética de cara a la galería y no un interés real de corresponder la fidelidad de sus seguidores más veteranos. Véase que solo el departamento de Protocolo y Relaciones Institucionales ya se quedó con más, concretamente 218 localidades. Seguramente sin los eficaces trabajadores de esa área el Real Madrid no habría alcanzado la final de la Copa de Europa y merecen su reconocimiento, faltaría más. Otras 255 entradas fueron para la junta directiva, 220 para el Área Vip, 100 para la Dirección General... Incluso la sección de baloncesto se quedó con otro centenar de localidades. ¡¿Pero cuántos son en un equipo de baloncesto?! En cada final el Real Madrid fleta un avión de personalidades que acuden invitadas por el club. Entre el pasaje son habituales periodistas y creadores de opinión en medios de comunicación que encajan en la importancia que Florentino Pérez otorga a ese ámbito. También ejemplos más extravagantes como fue la presencia del actor Richard Gere entre los convidados para la final que el equipo madridista disputó en Milán en 2016.

El entrenador del Liverpool, Jürgen Klopp, alzó la voz para protestar contra todo este circo, consciente de que en su casa las cosas no deben de ser tampoco excesivamente distintas: «Cuando ves los precios de las entradas y todo ese tipo de cosas, la cantidad de entradas que recibes... ¿Es correcto que solo obtengamos 20.000, ellos otras 20.000 y haya 75.000? Eso hace 35.000 sobrantes ¿Adónde van estas entradas?». Él sabe perfectamente adónde van y por eso lo puso sobre la mesa. El entrenador alemán dijo algo más: «No solo están pagando más que la última vez por una entrada, sino que solo obtienen el 50 por ciento de los boletos y el resto va a la gente que paga miles y miles por las entradas». No es nada habitual escuchar a pesos pesados del fútbol salir en defensa de sus aficionados, pero todavía no ha llegado el club que se haya plantado negándose a participar en esas condiciones que se repiten año tras año en torno al que ya es el acontecimiento deportivo más seguido por televisión del planeta.

He buscado información para tratar de contestar la pregunta de Klopp. ¿Adónde van las 35.000 restantes? No hay datos concretos al respecto por ninguna parte. Si acaso algunos medios y fuentes anglosajonas mostraron algún interés. A juzgar por la hemeroteca, a nadie en la prensa española pareció importarle lo más mínimo. Existe cuando menos una falta de transparencia que seguramente sea buscada. El máximo responsable de la UEFA, el esloveno Aleksander Ceferin, contestó a los comentarios de Klopp. Según afirmó, la UEFA solo se queda con un 6,5 por ciento de los beneficios económicos de la final y el resto, el 93,5 por ciento, se destina a los clubes: «Los aficionados de ambos equipos obtienen 20.000 entradas cada uno. Si los patrocinadores que pagan 100 o más millones de euros de patrocinio, de los cuales el 93,5 por ciento va a los mismos clubes, obtienen algunas entradas, es parte de una obligación contractual que tenemos. Es el sistema que funciona, y los clubes no podrían funcionar de otra manera. Para nosotros, no cambiará mucho si todas las entradas fuesen de 10 euros, pero cambiará mucho para los clubes. Mucho». Que ajo y agua, vaya.

De nuevo los dueños del fútbol se envolvieron en el axioma que mejor manejan: si quieres que tu equipo fiche a los mejores, necesita más dinero, y tú no lo tienes, así que te quedas en casa y lo ves por televisión. La propia UEFA desglosó de forma superficial en su web el reparto de entradas. De esas 35.000 que Klopp se preguntaba dónde están, 23.000 fueron a los famosos compromisos comerciales que *de facto* acaban en manos de amiguetes y enchufados a los que presenciar en directo una final simplemente les parece un buen plan. Las otras 12.000 se destinaron al público general que las compró a través de la web de la UEFA. Lo habitual es que tengas que hacerlo varias semanas antes, cuando ni siquiera se conocen los finalistas. Te la puedes jugar a pagar una entrada, que es personal e intransferible con nombre y apellidos, y que luego tu equipo caiga eliminado, algo solo apto para economías desahogadas. El cliente tipo de esta compra son cazadores de experiencias a los que no les importa mucho quién llegue a la final y tienen una cuenta corriente capaz de soportar el capricho de subirse a un avión y pagar una o varias noches de hotel en busca de un mero espectáculo. Y luego subirlo a Instagram. Pero una vez realizado, rara vez lo repetirán dos veces. Ya lo han consumido y lo siguiente será encontrar otro reto que puedan comprar, como tirarse en parapente por el Gran Cañón, por ejemplo. Nadie parece pensar a largo plazo. No caen en la cuenta de que buena parte del aliciente de un turista adinerado es poder vivir una experiencia en toda su esencia, rodeado de los hinchas y las características que acostumbraba ver por televisión. Si al llegar allí descubre que la mayoría de los presentes son turistas como ellos, simplemente descubrirán que no era para tanto. Sobre los precios, la UEFA se vistió de ONG unos meses antes de la final y anunció la decisión de congelar el precio de las entradas más «baratas» —las de 70 y 180 euros— para las próximas tres finales de Champions. Esto es lo mismo que anunciar que en 2025 serán todavía más caras, pero aún habrá que darle las gracias al que decía que a la UEFA le da igual que todas cuesten 10 euros. Ceferin también anunció que iba a liberar de compromisos comerciales un total de 30.000 entradas para las cuatro finales de 2022 bajo su organización (Champions League masculina y femenina, Europa League y Conference League). El motivo, decía, era «recompensar al alma del juego por su leal apoyo durante la pandemia». Esa «alma» se supone que somos nosotros, los aficionados. Te tienes que reír. El indulto del señor feudal tocaba en el caso de la final de Champions masculina a 5.000 entradas por equipo que tenían que ir destinadas a premiar a sus hinchas más fieles. Una de dos, o aquellas entradas no se usaron para lo que dijo la UEFA o las entradas que le hubiesen dado a cada equipo habrían sido todavía menos de las 19.618 asignadas. Para salir de dudas, consulté directamente con el organismo que preside Ceferin en busca de una explicación al paradero de esas entradas. El jefe de prensa para España de la UEFA confirmó a través de correo electrónico que los 5.000 boletos liberados estaban incluidos dentro del paquete de entradas cedidas a cada club. «Cualquier otro tema tendrás que preguntar en el Real Madrid», concluía la respuesta del portavoz, evidenciando que la UEFA no realizó ningún control para garantizar que las entradas llegaban realmente a los seguidores a los que se pretendía premiar por su fidelidad. La explicación dejó claro también que el porcentaje que le hubiese tocado a cada afición finalista hubiese sido aún menor de no ser por el brote altruista de Ceferin durante la pandemia.

Estadios vacíos y la gente en sus casas

Todo este sistema que para la UEFA funciona ha provocado imágenes de estadios medio vacíos en las zonas reservadas a compromisos durante una final. La gente en sus casas y el campo semivacío. El caso es que de un tiempo a esta parte se han impuesto los sorteos para el reparto de entradas de las finales. La moda ahora es que no te den la entrada hasta llegar a la ciudad donde se disputa el partido. Hay clubes que citan incluso en hoteles y te obligan a subir al avión sin la tranquilidad de poder palpar cada dos minutos la entrada en el bolsillo. Comprobar que sigue ahí y que todo está en orden. El sorteo es a todas luces la medida más injusta posible porque el azar no tiene en cuenta la fidelidad del hincha, ni sus méritos acumulados con el tiempo o la capacidad de sacrificio. Los socios interesados presentan su solicitud y se les asigna un número que les da derecho a participar en la «tómbola». Una vez finalizado el plazo de inscripciones, el club anuncia un número. El que lo tenga, será el primero en conseguir su entrada y a partir de él tantas como se hayan asignado a esa afición. Me indigna la docilidad con la que el hincha ha asumido este sistema que iguala al que lleva treinta años de socio con el que acaba de llegar. Resulta cuando menos curioso que algunos estatutos de clubes obliguen a presentar decenas de años de membresía ininterrumpida para optar siquiera a ser candidato a presidente, pero baste llevar apenas unos meses para hacerse con una entrada el día más importante. La injusticia es aún mayor cuando hablamos de un equipo poco acostumbrado al éxito. No es de recibo que alguien que se mantuviera fiel en las épocas de vacas flacas se vea condenado a una cola virtual en igualdad de condiciones que un recién apuntado en plena racha de triunfos.

A nadie se le escapa que los clubes hacen eso para fomentar la llegada de nuevos socios que pagan su cuota, y eso es más dinero para sostener el circo. La oferta de una opción real de presenciar una final siempre será más sugerente que la exigencia de años, a veces décadas, de fidelidad ininterrumpida para poder tener posibilidades. Resulta ridículo ver a algunos equipos presumir de tener más socios que butacas en su estadio. Menos premiar la cantidad y más cuidar la calidad. Hay algunos clubes que aprovechan las nuevas tecnologías en los tornos de los accesos para controlar los socios que han ido a todos los partidos en una temporada. Eso luego lo tienen en cuenta para descuentos o entradas. Ese es un buen camino. Corresponder a la fidelidad del socio debería ser el punto de partida. Otro modelo aceptable, si se quieren evitar aglomeraciones, es habilitar varios días de venta empezando por los socios más antiguos. La primera fecha para los abonados del número uno al cinco mil, por ejemplo. Esos tienen derecho a retirar su entrada y la de un acompañante siempre que también sea socio. Así no se da el caso de que señores mayores tengan que ir solos a la final, sino acompañados por un familiar o la persona con la que habitualmente acudan al campo. El segundo día para los comprendidos entre el cinco mil uno y el diez mil con las mismas condiciones, y así hasta agotar la lista. Después de ellos, ya sí, el público general. El éxito o el fracaso en una de esas colas exige conocimiento de la situación, una cierta experiencia. No hay ninguna fórmula matemática que te marque con cuántas horas de antelación es necesario ponerse en la fila, pero es importante no errar con los cálculos. Además de saber el número de entradas a la venta es útil medir el ansia de una afición ante un evento importante. No es lo mismo la primera final en cincuenta años que una más de tantas. En todos los grupos que se organizan para compartir la espera o darse el relevo siempre está el agonías que propone ir dos días antes, el optimista antropológico que prefiere no hacer noche porque llegan de sobra, el que nunca puede porque siempre tiene algo, el que ni siquiera es socio, pero justo llama para preguntar qué hay que hacer para conseguir entradas. Estos últimos son desquiciantes, llevan años sin pisar una grada, pero luego son los que más se quejan.

Hay quien tiene en cuenta el nivel del rival y las perspectivas de ganar. Ese es un sentimiento despreciable, pero muchas veces influye al pronosticar la demanda y el nivel de afluencia. Siempre que la economía familiar lo permita, en las finales hay que estar, sobre todo si es para perder, porque nada hay más deshonroso que un equipo abandonado en la derrota. Además, nunca se sabe si será la última o los años que tardarás en volver. Otro de los argumentos para cargarse la meritocracia de las colas tradicionales es la seguridad. Se entiende que una multitud de gente a la intemperie con dinero en metálico en sus bolsillos para comprar entradas es un reclamo para atracadores nocturnos con ganas de hacer el agosto. Puedo decir que he estado en alguna cola, bastantes, y no le recomendaría a ningún chorro acercarse con oscuras intenciones a un grupo de gente que a esas horas de la madrugada probablemente sean ya hermanos de sangre. Me explico: el hecho de que la resistencia sea un factor importante para conseguir una entrada no quiere decir que sea una lucha individualista al estilo de *El juego del calamar*, en el que se enfrentan todos contra todos y el fracaso significa muerte. La picaresca siempre está presente, pero por lo general es más bien lo contrario. Esas horas interminables de espera son terreno abonado a la solidaridad y la camaradería. Una oportunidad de estrechar vínculos con gente de otras partes del estadio con las que habitualmente no tienes relación.

Los campos de fútbol no son lugares uniformes, en ellos confluyen distintas personalidades según las zonas. No es lo mismo un fondo que el contrario, ni una tribuna que una grada lateral alta, como tampoco tiene nada que ver un sector de abonados de temporada con los habilitados para taquilla general. Siempre me ha llamado la atención la especial tolerancia que atesora el aficionado que tiene su butaca junto a la zona reservada a los seguidores visitantes. Hace falta mucho aguante para estar viendo el partido entre los gritos y cánticos de los forasteros como si el visitante fueras tú. A veces las diferencias vienen determinadas por el precio de la entrada, pero hay otras muchas particularidades que conforman la suma de características hasta dar forma a la idiosincrasia general de un estadio. Al llegar a la cola hay una fase de deshielo que resulta breve porque uno asume que eso no va a ser precisamente un trámite de cinco minutos. La cosa suele empezar con uno que se ofrece a traer cervezas de un bar que cierra tarde. Otra forma de entrar es abordar la cuestión del desplazamiento. Siempre están los que se sacaron vuelos hace meses confiando en que el equipo se clasificaría y los que conocen una empresa de autobuses a buen precio o quien expone alternativas al viaje organizado por el club, generalmente más caro. Al poco tiempo habrá un corrillo rememorando la final que les contaron sus abuelos. Unos metros más allá, otro grupo improvisará una encuesta sobre el gol más gritado. Detrás habrá tres que discutirán si aquel «nueve» podría haber triunfado si le hubiesen dado algo más de paciencia. Nunca falta el que saca un mapa del estadio desconocido en el que se jugará el partido. Ya sabe las mejores zonas, dónde se ubican las localidades más baratas, ha estudiado incluso lo que se tarda desde el aeropuerto al centro de la ciudad, tiene consejos para tratar con los taxistas locales y avanza que no hará falta abrigo o que la cerveza que les espera no la sirven lo suficientemente fría.

Se mezclan siempre varias generaciones en una cola,

testigos de épocas gloriosas y los que vivieron los años duros, cuyas memorias advierten contra los fantasmas de las navidades futuras. Están los nuevos que afrontan su primer viaje, los veteranos curtidos en mil batallas luciendo sus anécdotas como condecoraciones de guerra, los que perdieron la última vez y se juraron a sí mismos que le cobrarían revancha al destino. Comparecen también los que aguantan ahí por otros, por un último baile con su padre, por darle una alegría al amigo que le hizo de ese equipo en el recreo del colegio y ahora, muchos años después, toca devolverle el favor porque está pasando una mala racha. También al que simplemente le ha tocado hacer noche en el estadio porque echó a suertes los turnos con su cuadrilla y le salió la pajita más corta. Todas esas historias de vida afloran en la cola a medida que van cayendo las horas. Se ponen en común situaciones y recuerdos que viviste junto con desconocidos que estaban en otras partes del estadio, pero siendo parte de lo mismo. También da tiempo a hacer planes ilusionantes de futuro que no hablan de casas con jardín o si colegio público o concertado, sino simplemente de compartir la próxima previa y ganar otra copa. Una vez allí quizá aproveches para preguntarle su nombre a tu compañero de fila porque, tras muchas horas de recuerdos, goles y sueños, ni siquiera te ha importado cómo se llamaba. Nunca se lo pregunté a los hijos de Justo, el conquistador de estadios.

Buscando a Justo

Los vi por primera vez en la cola de las entradas para una semifinal. De esto han pasado ya algunos años. Ellos estaban unos metros por delante, habían llegado antes. Se parecían bastante entre ellos. Formaban parte de los corrillos y las conversaciones, hablaban poco y sonreían mucho, incluso cuando el frío empezó a apretar. Los volví a ver el día del partido, en la grada. Habían sido dos rostros más en una fila larga para sacar las entradas, pero soy buen fisonomista y me suelo quedar con las caras. Además, uno de los dos era casi pelirrojo, y eso activó mi relación con la cábala. Los colorados dan mala suerte. Sin embargo, en este caso se iba a demostrar que hasta las leyes más científicas de la superstición a veces fallan.

Estaban solo unas filas más arriba que nosotros. Entre el casi pelirrojo y su hermano había un señor muy mayor. Era enjuto, callado, apenas se movía. Permanecía ahí, casi sujetado para mantenerse de pie con unos ojos tan claros que parecía tenerlos en blanco. El viejo estuvo así todo el tiempo, inmóvil. Transcurrió el partido y ganamos. Cuando el árbitro señaló el final, la grada estalló y se fundió en un abrazo interminable. Fue entonces cuando me volví y entablé conversación con ellos. Resultaron ser los hijos de aquel anciano, o eso me dijeron. La sonrisa del abuelo confirmó al menos que estaba vivo. Ahora no recuerdo su edad, pero era muy mayor. Lo acreditó presumiendo de su número de socio, que no pasaba de los dos dígitos. Tenía una voz frágil, de viejo. Mientras esperábamos a que la policía nos desalojase de la grada visitante, Justo relató cómo eran los estadios de antes. Recordó alguna anécdota de tiempos pasados, como aquella Liga ganada después de la guerra en la última jornada. Se enteraron de que eran campeones al llegar a casa, cuando pusieron la radio y el locutor les avisó de la derrota del inmediato perseguidor. Mientras explicaba de dónde venimos, sus hijos sonreían y callaban orgullosos, sabedores de que atesoraban un trocito de historia viva del equipo. Pero había algo más: el viejo reveló que siempre que nos habíamos jugado un título y él estaba presente, habíamos ganado. No se arrepentía de su ausencia en las finales perdidas, incluso le hacía cierta gracia. Lo contaba con una sonrisa traviesa, consciente de su don. Fue inevitable acordarse del cuento del argentino Roberto Fontanarrosa sobre el Viejo Casale, aquel anciano delicado del corazón al que raptaron unos hinchas de Rosario Central para llevarle al campo con el inapelable argumento de que, en sus tiempos de seguidor activo, aquel hombre nunca vio perder a su equipo. Y daba igual lo que hubiese dicho el médico. Si ganar lo era todo, todo estaba justificado, incluso la vida de ese hombre. Algo así pensé cuando Justo desapareció entre el agitar de bufandas y los cánticos por las afiladas gradas de aquel estadio en el que nos habíamos clasificado para la final. La euforia dio paso a otro sorteo para decidir quién hacía noche para conseguir las entradas. Otra cola, nuevas historias, reencuentros, organización exprés del desplazamiento y una cancha extranjera más por conquistar.

Una vez allí, después de otro largo viaje, no éramos favoritos sobre el césped ni mayoría en las gradas. Cuando mi grupo empezó a desplegar las banderas, me aparté a fumar a una de las zonas interiores de aquella mole de hormigón desconocida para templar los nervios bajo los graderíos. Me embargó el pesimismo antes de empezar, caminé sin rumbo fijo por escaleras interiores esquivando a contracorriente las riadas de gente que entraban para ocupar su localidad. Yo únicamente quería salir de ahí, fue como un ataque de pánico extraño. De pronto, algo hizo que me fijase en una imagen que transmitía paz en medio de tanta excitación. Nadie más parecía reparar en él, pero contrastaba con el resto de la gente que, como hormigas al pisar su hormiguero, se movían rápidamente buscando su sitio en el estadio. Esa figura en cambio avanzaba pausada, con la ayuda de otras dos personas. Me puse de pie casi de un salto. ¡Era Justo! Estaba allí, a su edad, en la otra punta del continente. Ni yo creía lo que estaba viendo. Su aspecto crístico lo ubicaba casi en la esfera de una aparición divina en el momento preciso.

Me acerqué mucho para observarlo bien, pero no me atreví a decirle nada. Pasó por delante sin reparar en mi presencia. El casi pelirrojo y su hermano que lo portaban tampoco se percataron. Había mucha gente. Si les hubiese saludado, se habrían acordado y nos habríamos dado un abrazo. Su presencia hizo que desaparecieran los nervios de un plumazo. Regresé a toda velocidad a la grada donde el resto apuraba ya la distribución de banderas. Ganamos la final, claro, y Justo volvió a sonreír.

5

Rubiales y el expolio del fútbol español

> Lo único que es insustituible son los hinchas, que es distinto al espectador. El espectador es un tipo que mira y disfruta o no según la belleza de lo que se le ofrece. El hincha es otra cosa.
>
> Marcelo Bielsa,
> entrenador

¿De qué hablamos cuando decimos que el fútbol pertenece a los aficionados? La mayoría de los principales equipos del fútbol español se fundaron a finales del siglo XIX o principios del siguiente. Vecinos de un barrio, un pueblo, miembros de una comunidad, trabajadores de un gremio, personas con intereses compartidos se organizaban para dar forma a algo que les uniera, les representara y les trascendiera. El equipo era mucho más que una excusa para hacer deporte los fines de semana, significaba algo de lo que sentirse parte. Uno podía ejercer de aficionado y al mismo tiempo colaborar en la búsqueda de unos terrenos para establecer el futuro estadio. Entre semana podía echar una mano cosiendo las camisetas y luego vestirse de corto para defender los colores de su club, que era realmente suyo. Había una multimilitancia alimentada por un sentimiento real de pertenencia, cada uno aportaba lo que podía en un tiempo en el que ni siquiera existía el profesionalismo. Nadie tenía en mente la idea de un producto con el que generar más ingresos cada año. Tampoco una marca global con la que conquistar mercados internacionales. Entonces, la idea de crecimiento iba ligada a ampliar la capacidad de acoger nuevos miembros que llegaban para enriquecer lo que ya existía y fortalecer los vínculos de la institución con su entorno.

Ahora hagamos el esfuerzo de viajar de un salto al momento actual. Detengámonos de golpe en el resultado tras el paso de décadas de cambios sociales, políticos y económicos. Asistimos con pasmosa naturalidad a un desenlace donde la figura que antes representaba el aficionado queda excluida de los poderes de decisión más básicos. Y recientemente los ataques contra la identidad se ven incluso superados por otra amenaza que consiste en la deslocalización, privar al hincha del derecho de apoyar a su equipo porque se lo han llevado a otro lugar. Todo está justificado en pos de aumentar las ganancias, y si eso es más propicio y rentable en latitudes lejanas, hágase. Eso no es evolución, es directamente un expolio. Son varios pasos más allá de esas giras internacionales de verano donde no hay en juego torneos oficiales, sino solo la imagen de los propios clubes y sus ganas de incrementar escaparates. No tiene nada que ver con aquellas aventuras de la primera mitad del siglo xx. Los equipos visitaban otros continentes con vocación de intercambiar experiencias y medirse ante otros estilos de fútbol en un tiempo en el que no había televisiones ni tantas posibilidades de desplazamiento.

El fútbol lleva demasiados años en manos de organismos privados y señores con traje que ejecutan sus estrategias guiados por conceptos comerciales sin encontrar prácticamente ninguna oposición por parte de los Estados. Las federaciones nacionales e internacionales gozan de un poder de autogestión generalmente opaco que ha ido ganando terreno amparado en su capacidad para generar dinero. Me detengo en un pasaje incluido en el libro *De América: el continente en la Copa Libertadores*, escrito por Alejandro Droznes: «La Ley 1070 fue sancionada por el Congreso de la República del Paraguay en 1997 para concederle a la sede de la Confederación el carácter de inviolable. En virtud de esa norma, la Confederación Sudamericana de Fútbol se acogió a privilegios similares a los de las embajadas: ni los jueces ni los policías del Paraguay podían entrar». Hubo que esperar hasta 2015 y el llamado «FIFA Gate», una investigación del Departamento de Justicia de Estados Unidos y el FBI relacionada con una trama millonaria de corrupción. Altos dirigentes del fútbol mundial fueron acusados de soborno, fraude y lavado de dinero relacionado con los derechos de imagen y emisión de las competiciones. La ley que dotaba de inviolabilidad a la sede de la federación sudamericana de fútbol en Asunción tuvo que ser derogada tras casi dos décadas de impunidad.

Las autoridades políticas, al menos en las democracias modernas, dejan un amplio margen de maniobra al libre mercado, pero eso es compatible con un mínimo de control. Los clubes han de ser concebidos como un patrimonio cultural del país al que pertenecen. El poder político debería asumir la iniciativa de proteger a sus ciudadanos, también en el vínculo sentimental que les une a sus instituciones deportivas impidiendo que les sean arrebatadas sin más. Hablamos del derecho de disfrutar de algo que les pertenece y que les es propio. También, por qué no, de una fuente de creación de riqueza local. Se hace mucho hincapié en destacar los beneficios económicos que dejará la organización de tal o cual evento deportivo en nuestro país. Se difunden noticias celebrando la lluvia de millones que reportará a los hosteleros y comercios locales la llegada de miles de aficionados. Sin embargo, ese cálculo no se hace cuando se llevan el evento fuera para que se beneficien otros.

Ahora es habitual establecer *fan zones* separadas para los hinchas cuando se disputa una final de cualquier competición. Muchas veces son recintos alejados de los núcleos urbanos en los que se reúne a la gente durante las horas previas del partido. Eso responde a una cuestión de seguridad, pues mantiene a la masa controlada en un mismo sitio. Así se evita el riesgo de encontronazos entre aficiones rivales. Pero la coartada de la seguridad casi siempre esconde un fin comercial y los puntos de consumo de esas *fan zones* abarrotadas los gestiona la propia organizadora del torneo o se lleva una parte de las ganancias. Ha habido casos en los que los mismos aficionados han hecho un llamamiento a no acudir y consumir en los negocios locales de siempre. Hacen muy bien. Pero si esa fuente de riqueza semanal se traslada a otro lugar, la pérdida es sencillamente inevitable.

El riesgo que provoca el desarraigo forzoso es múltiple empezando por la necesidad de dar respuesta a demandas de esparcimiento que antes estaban cubiertas en torno al equipo de la ciudad. Quienes usurpan la gestión de los clubes en beneficio propio encuentran un activo precisamente en el legado edificado durante décadas por una masa social en la que solo ven clientes/consumidores.

La privatización no puede ser ilimitada hasta el punto de arrancar a sus legítimos dueños el patrimonio que les pertenece. Los fundadores no alumbraron sus clubes para que terminaran en manos ajenas que se lucran exprimiendo los bolsillos de sus aficionados hasta que no pueden más y acaban expulsados. De vuelta a las tesis de Zygmunt Bauman, el sociólogo polaco nos señala que la variante moderna líquida deja en el camino nuevos excluidos. No han sido marginados por la orden de un tribunal de justicia ni una ley votada democráticamente en un parlamento, sino por el devenir propio del consumo: «Forman la "infraclase" de una sociedad que se vanagloria de haber eliminado las divisiones de clase, pero que preserva el recuerdo de estas en la separación que efectúa entre los perdedores en el juego del consumo (obligados a irse del "casino" por su propio pie o echados a la fuerza) y los ganadores y los jugadores consumados que disponen de un suministro respetable de dinero que los convierte en solventes». Así llegamos al «caso Rubiales» y la venta de la Supercopa de España.

Los «Supercopa Files»

«Yo no bebo alcohol, no fumo... pero yo no garantizo que el día de mañana [no] me puedan meter un saco de cocaína en el maletero». Esta frase la pronunció el presidente de la Real Federación Española de Fútbol (RFEF), Luis Rubiales, y se puede decir que ha pasado a engrosar la larga lista de declaraciones célebres de nuestro deporte. En pleno siglo XXI, fue como viajar en una máquina del tiempo a aquellos años ochenta y noventa plagados de personajes pintorescos y exabruptos diarios en los medios de comunicación. Rubiales se defendió así de las informaciones de *El Confidencial* que desvelaron los secretos en torno al expolio de la Supercopa de España. Se la vendió a la dictadura de Arabia Saudí, un régimen islamista que no respeta los derechos humanos y en particular los de las mujeres y los homosexuales. La publicación de los «Supercopa Files» sacó a la luz las negociaciones que para tal fin mantuvo el máximo responsable del fútbol español con el capitán del Barça, Gerard Piqué. El jugador azulgrana se lucró con 24 millones de euros en concepto de comisiones por ejercer de intermediario entre Rubiales y los árabes a través de su empresa de organización de eventos, Kosmos. Es la misma sociedad que se hizo con los derechos de la Copa Davis de tenis y la rediseñó con un cambio de formato más atractivo para los operadores de televisión. Tuvimos acceso a documentos, archivos sonoros, testimonios y otras evidencias sobre las gestiones de Rubiales, incluyendo la propuesta de acudir al rey emérito, Juan Carlos I, por su ascendencia sobre la familia real saudí. El monarca, desde su exilio en Emiratos Árabes, confirmó ese intento de contacto por parte de Piqué.

Mostramos en exclusiva el documento anexo al contrato principal en el que la firma de Rubiales habilitaba que los árabes abonaran la comisión millonaria al jugador. También el audio donde Piqué le instaba a echar abajo la operación si no había garantías de cobro: «El problema es que han dicho que os van a pagar a vosotros. Y hostia, creo que no tiene sentido que no nos paguen a nosotros. Entonces, el mensaje que yo he lanzado es: "El presidente [Rubiales] va a ir si nos pagan a todos". Te pediría que nos apoyaras con esto». Esta indicación se la transmitió el defensa blaugrana segundos antes de despegar con el avión del equipo desde San Sebastián. El Barça se había dejado dos puntos en la lucha por la Liga tras empatar en Anoeta contra la Real Sociedad.

Las presuntas irregularidades desveladas fueron más allá del pacto que puso al fútbol español al servicio de una satrapía acusada de expandir el germen yihadista por todo el mundo. También arrojaron luz sobre las guerras intestinas en las que vive inmerso el deporte rey y su inabarcable red de intereses cruzados. Desvelamos datos de la suma percibida por Luis Rubiales para residir en viviendas de lujo en Madrid al margen de su elevado sueldo. Tuvimos acceso a sus comunicaciones con jugadores a los

Un día normal de partido en El Monumental de Buenos Aires, la histórica cancha de River Plate. En Argentina y otros países de Sudamérica, los estadios se llenan de «trapos» y nadie se pregunta si las medidas son adecuadas o si tapan la publicidad. Que la hinchada se exprese y diga presente en cada cita es todavía más importante.

Este es «el muro amarillo», la grada más ruidosa del estadio del Borussia Dortmund, artífice de algunos de los tifos más espectaculares de Europa. No tiene asientos, la gente anima y ve el partido de pie. Causa fascinación entre los medios de comunicación españoles, pero ninguno de ellos explica que algo así estaría prohibido en LaLiga de Javier Tebas.

Una imagen icónica para la ciudad de A Coruña. El día que salieron campeones en la temporada 1999/2000, la grada conquistó el césped de Riazor y todo fue fiesta y alegría. Varias décadas después, ese estadio sigue recordando la gesta con una canción: «Cómo me voy a olvidar / que el Deportivo ganó la Liga / cómo me voy a olvidar / si es lo mejor que me pasó en la vida».

A esta niña del Liverpool ningún enterado de fuera le tendrá que explicar lo que pasó en Hillsborough aquel 15 de abril de 1989 porque la verdad ya se la habrán contado en su casa. Quizá algún familiar o un vecino estuvo presente o conoce a alguien que acudiera ese día al estadio. Ese legado, de padres a hijos, será el mejor tributo posible a la memoria de las 96 víctimas nunca olvidadas.

Pónganse de pie para presenciar la casa del FC Unión Berlín, en el barrio de Köpenick. No queda otra opción, ya que no hay butacas en la mayoría del estadio. Quizá por eso sea uno de los campos con más ambiente del continente y, al mismo tiempo, seguro. La UEFA les obligaba a jugar las competiciones europeas en otros recintos, pero terminó por aceptar esta forma de vivir el fútbol. Ojalá en el futuro no sea una excepción.

Bastaba una mirada para identificar el país al que pertenecía un estadio. Presentaban características propias y la pluralidad significaba una riqueza arquitectónica y estética.

La homogeneización siguiendo patrones comerciales amenaza ese patrimonio. Prefiere recintos polivalentes con capacidad para acoger todo tipo de eventos, y el deporte es solo una opción más de negocio. Al final, acaban sirviendo para casi todo menos para lo que tienen que servir.

Los jugadores de Boca Juniors se encaraman a uno de los alambrados que permanece en pie de La Bombonera después de marcar un gol al eterno rival. Es un vallado reservado a momentos y figuras importantes que ya forman parte de la iconografía de este deporte. «Muchos caudillos se cagaron en esta cancha». En España, la moda ahora es celebrar los tantos delante de una cámara que se pone junto a la portería para que los jugadores puedan mandar besos a su familia y a los que los ven por televisión.

que recurría para «armarse» ante sus enemigos. Destapamos estrategias para expandir su influencia a otras instituciones como el sindicato de futbolistas, codiciada herramienta de presión a la hora de, por ejemplo, impulsar o detener huelgas. Demostramos que estrellas mundialmente conocidas acudían luego al presidente para cobrarse los favores. Piqué, cuya actuación había permitido a Rubiales ampliar sus emolumentos gracias al acuerdo con los árabes, le solicitó después ayuda para volver a la selección y disputar los Juegos Olímpicos de Tokio en 2021: «Esta me la tienes que hacer, eh, Rubi, lo tienes que conseguir, hostia. La tenemos que mantener muy en secreto». También le rogó un grupo con rivales más fáciles para el Andorra, club del que es propietario y que acababa de hacerse con una plaza en los despachos para jugar en la tercera categoría del fútbol español. Por proximidad geográfica, le correspondía jugar contra equipos de Cataluña como venía siendo habitual: "Si podéis evitar ponernos en el grupo con los catalanes mejor. Siempre son los de más nivel". Sergio Ramos le pidió que moviera sus hilos en el ámbito internacional para ganar el Balón de Oro en 2019: «Te lo agradecería toda la vida». Eso fue después de que ambos llegaran a un acuerdo sobre las primas para los jugadores de la selección de cara al Mundial de Rusia. Las exclusivas de *El Confidencial* permitieron una vez más conocer el lado menos romántico del fútbol español y de su máximo responsable, una figura obstinada a la hora de luchar por sus objetivos. Las informaciones incluían conversaciones grabadas con políticos, facturas de servicios de detectives para espiar a sus rivales y a periodistas o incluso presiones al presidente del Gobierno, Pedro Sánchez.

Todo este trabajo estuvo encabezado por el jefe de Investigación de *El Confidencial*, José María Olmo. El día que me comentó lo que tenía entre manos y me propuso colaborar con él fue una invitación a escalar otro «ochomil» cuando casi no había terminado de deshacer las maletas de la aventura anterior. Era un material altamente sensible que, sin duda, volvería a poner a prueba la capacidad del periódico para aguantar presiones. Contábamos con evidencias de que el máximo responsable del fútbol español sacó del país una competición histórica para hacer negocio. Pero, además, sabíamos que el acuerdo de varios años de duración incluía la particularidad de que el beneficio aumentaba si el Real Madrid y el Barcelona estaban entre los clasificados. En este punto es importante destacar que la Real Federación Española de Fútbol que preside Luis Rubiales es la responsable de los árbitros que pitan cada semana los partidos en los que se decide quién se clasifica para la Supercopa. También que el sueldo de Rubiales tenía entonces un variable condicionado a los ingresos totales de la Federación. Cuanto más pagaran los árabes, más subía la nómina del presidente.

Sus conversaciones con Piqué confirmaron hasta límites sonrojantes el modelo en el que desde hace tiempo vive instalado el fútbol español, donde la atención al Real Madrid y al Barcelona prima descaradamente sobre todos los demás. Piqué le esbozó a Rubiales las cantidades que tendría que cobrar cada equipo por disputar la Supercopa. En el diseño del acuerdo, madridistas y culés debían percibir mucho más que el resto de posibles participantes. Se estableció un cuadro de honorarios a percibir con unos requisitos dirigidos a apuntalar esa desigualdad. Era un blindaje de esos privilegios al margen de estados de forma, estilos de juego, calidad de las plantillas y esas cosas por las que pagan los que solo buscan espectáculo en el césped. Se da la circunstancia de que, según aquel reparto, si un equipo como el Betis se clasificara para dicha competición durante diez años seguidos, ni siquiera llegaría a superar la cifra de la comisión total que se embolsó Piqué. Eran unos requisitos basados en el palmarés, por lo que, si conjuntos actualmente pujantes como el City o el PSG fuesen invitados, tampoco cobrarían mucho más que el Betis.

El conflicto de intereses y las sospechas en torno a la credibilidad de las competiciones españolas eran evidentes como acreditaron las declaraciones del entrenador del

Atlético de Madrid, Diego Pablo Simeone: «Queda claro por la información que nos llega, salvo que haya una explicación más concreta por parte de la RFEF, que conviene que vayan Barcelona y Real Madrid [a la Supercopa]. No es muy difícil entenderlo». El argentino, especialista en vadear cualquier polémica cuando no le interesa, esta la remató con todo. No fueron muchos más los que alzaron la voz en el mundo del fútbol. Eso a pesar de que los compañeros de la prensa que un año antes silenciaron los audios de Florentino Pérez apelando al respeto de su privacidad, en este caso sí corrieron a pedir la dimisión de Rubiales e informaron sin ningún reparo de sus conversaciones. La sensación de desconfianza llegó a las gradas de los estadios. Se escucharon cánticos que denunciaban «¡corrupción en la Federación!», expresiones de hastío contra el Madrid y el Barcelona y gritos que irónicamente señalaban la presunta protección de los colegiados a Piqué como pago de sus actividades como empresario de la casa. Meses después de que salieran a la luz los «Supercopa Files», el veterano periodista deportivo Orfeo Suárez publicó en *El Mundo* una información que contenía la siguiente afirmación del responsable de un club de primera división que prefería mantener su anonimato: «Los presidentes callamos porque tenemos miedo a los árbitros, que dependen de la Federación».

Las guerras del fútbol

La guerra crónica en la que vive inmerso el fútbol tiene mucho que ver con su organización y estructura. Los clubes de primera y segunda división integran la Liga de Fútbol Profesional (LFP). Su nombre comercial, por así decirlo, es LaLiga. Los equipos son en su mayoría instituciones privadas y se reúnen periódicamente en asamblea. Votan y toman decisiones como la de delegar su representación y gestión en la persona de Javier Tebas, cuya misión es básicamente buscar oportunidades de negocio y diseñar estrategias para incrementar los ingresos de la competición y, por consiguiente, de los cuarenta y dos equipos que la componen. Con esa intención Tebas exploró sin éxito subastar el fútbol español en el extranjero igual que Rubiales. En su caso, quiso llevar a Miami la disputa de un partido de LaLiga para expandir negocio en el mercado norteamericano. La iniciativa adulteraba la igualdad de la competición puesto que suponía disputar en terreno neutral un partido entre equipos que se enfrentan dos veces a lo largo de la competición. Obligatoriamente, a uno de los dos se le privaba de la ventaja de ser local. El plan contó con la oposición de numerosos sectores, entre ellos la Federación de Rubiales. En 2021, Tebas presentó como el maná económico de los clubes españoles la firma con un fondo de inversión británico que promete la inyección de 2.000 millones a cambio de hipotecar durante medio siglo un porcentaje de los beneficios económicos de LaLiga.

La Real Federación Española de Fútbol, además de los árbitros, gestiona la Copa del Rey y la Supercopa de España. También es responsable de las categorías no profesionales del fútbol español y de la selección nacional. Pese a lo que mucha gente cree, la Federación no es una institución pública, pero tampoco es un club privado. Está sujeta a un régimen especial: ejerce funciones públicas delegadas. El fútbol es el único deporte que no recibe subvenciones del Estado. Renunció voluntariamente a ellas, en parte porque no le hace ninguna falta y porque evita tener que dar explicaciones sobre lo que se hace con el dinero de todos. Apenas ingresa una aportación finalista para el desarrollo del fútbol femenino que en 2021 fue de 63.640 euros y un 4,5 por ciento de la recaudación de las quinielas. Desde la RFEF defienden que eso representa una ínfima porción de su presupuesto. No obstante, es un organismo que se lucra explotando dos competiciones y una selección cuyo atractivo son los jugadores y la imagen de los clubes, que no le pertenecen. Su extraordinario estatus, además, no quiere decir que el Gobierno sea ajeno a lo que sucede en el seno de una institución que representa a España por todo el mundo. Por medio del Consejo Superior de Deportes (CSD), el Ejecutivo tiene la posibilidad de someter alguna irregularidad al criterio del TAD (Tribunal Administrativo del Deporte) que puede incluso inhabilitar al presidente de la Federación. Esta instancia es la máxima institución administrativa del deporte en España. La integran siete juristas, cuatro de ellos son elegidos a propuesta del presidente del CSD y los otros tres salen de entre los propuestos por las federaciones deportivas españolas. Tiene un mandato de seis años y Rubiales siempre lo ha considerado hostil a sus intereses.

En el plano internacional, LaLiga y la RFEF dependen de la UEFA, que es la federación europea. Organiza la Champions League, la Europa League y la Conference League. También la Eurocopa de Naciones cada cuatro años y la Nations League, que de momento no parece generar un interés especial. Sus defensores sostienen que sustituye a aquellos amistosos intrascendentes que se colaban en mitad de la temporada regular durante las fechas reservadas a las selecciones. Ahora son los mismos partidos, pero más exigentes para todos, también para las piernas de los jugadores. Por encima de la UEFA solo está la FIFA, que engloba a las federaciones de todos los continentes. En su caso organiza el Mundial, también cada cuatro años, y anualmente el llamado «Mundialito» de clubes, que enfrenta a los campeones de las máximas competiciones continentales. Es el heredero de la histórica Copa Intercontinental en la que el campeón de Europa se batía contra el ganador de la Copa Libertadores de América y reconoce al mejor equipo del planeta. Tanto la UEFA como la FIFA tienen su sede en Suiza, qué casualidad.

Este es el modelo, pero luego cada uno pugna por ampliar sus respectivas competiciones con fines comerciales provocando una constante tensión que se dirime sobre un calendario hipersaturado que ya no da más de sí. Tebas y Rubiales llevan años confrontados en una guerra que ha atravesado distintas etapas, pero nunca ha hallado la paz. Esta lucha sin cuartel se extiende a diversos frentes y cuenta con otros actores poderosos que juegan el papel de aliados o enemigos en función de las necesidades particulares de cada momento. Tebas defiende a capa y espada LaLiga. Lucha por que no pierda valor en favor de otras ligas extranjeras como la Premier League inglesa o los petrodólares árabes. Alerta contra proyectos de nueva creación como la Superliga y receló de la propia Supercopa en Arabia Saudí, reubicada en mitad de la temporada con un nuevo formato en lugar de disputarse en verano como antes. Esto hace compatible un enfrentamiento casi personal entre Tebas y Florentino Pérez y que al mismo tiempo LaLiga emprenda acciones legales contra el PSG por renovar a Mbappé en lugar de dejarle ir al Real Madrid. El presidente del Fútbol Club Barcelona, Joan Laporta, es al mismo tiempo vocal en la Junta Directiva de la Federación de Rubiales y mantiene una constante tensión con Tebas por los requisitos que impone LaLiga para inscribir jugadores dentro del tope salarial. El presidente de LaLiga no tiene inconveniente en declararse públicamente madridista. También ha manifestado alguna vez su admiración por VOX o la Asamblea Nacional de Le Pen en Francia, pero eso no impide que la explotación de la señal televisada de LaLiga esté en manos del empresario Jaume Roures, declarado trotskista.

Fuera de España, Rubiales es vicepresidente de la UEFA que preside Aleksander Ceferin, enemigo directo de Florentino Pérez porque la Superliga también amenaza con detonar su Champions League. El presidente de la FIFA, Gianni Infantino, no es precisamente el mejor amigo de Ceferin. La UEFA, por razones evidentes, ejerce siempre un poder de presión mucho mayor que cualquier otra federación continental.

De nuevo en el plano doméstico, David Aganzo sucedió a Luis Rubiales en la Asociación de Futbolistas Españoles (AFE), el sindicato de jugadores. El actual presidente de la Federación pensó que lo dejaba todo atado y bien atado cuando se fue, pero resultó que no. Aganzo renunció a ejercer de ariete contra Tebas, y eso provocó una ruptura con Rubiales. El presidente de la Federación impulsó en 2020 una campaña mediática que tenía el fin de desbancar a Aganzo y poner en su lugar al histórico delantero de la selección Fernando Morientes. Según se desprende de sus mensajes con Piqué, Rubiales buscó el apoyo de las principales figuras del fútbol español para confeccionar una información que se publicó en el diario *Marca* bajo el siguiente titular: «La rebelión de los capitanes». Reunía los comentarios de todos los jugadores reclutados por Rubiales para su ofensiva. Aganzo resistió el envite y Morientes finalmente se apeó del plan al atisbar una carrera de fondo para dirigir el sindicato de futbolistas en lugar de un rápido nombramiento por aclamación.

El 30 de mayo de 2022, ya en pleno escándalo por las revelaciones de los «Supercopa Files», Rubiales celebró una asamblea. Ese día Infantino estaba en Madrid, pero no se dejó caer por la reunión del fútbol español, lo que hubiese significado un inequívoco respaldo al presidente en su momento más delicado. En vez de eso, la madre superiora del fútbol mundial asistió a un acto de homenaje a Ángel María Villar, el anterior responsable de la Federación Española que permaneció casi treinta años en el cargo hasta que lo sacó la Guardia Civil del despacho esposado y acusado por corrupción. El caso sigue investigándose en los juzgados al momento de escribir este libro. El evento de agasajo a Villar, para más señas, lo apadrinó David Aganzo.

Este es en resumidas cuentas el panorama que rige el fútbol. Conforma un delicado *statu quo* de equilibrios complejos. Si se toca una pieza, existe el riesgo de sumergir toda la estructura en un escenario imprevisible. Los regates, los goles espectaculares y la pasión de los hinchas viven supeditados a las decisiones que se adoptan en estos despachos del poder por personas que rara vez se someten al escrutinio de jugadores, aficionados y poderes públicos.

Poco antes del Mundial de Qatar, Tebas y la mayoría de los equipos de LaLiga amenazaron con parar la competición doméstica si el Gobierno no se comprometía a reconocer por ley la libertad de los clubes para mantener sus negocios en el exterior. Lo contrario daría al traste con esa inversión del fondo británico con la que esperan sobrevivir en el futuro. También pidieron una garantía contra la Superliga, algo como la posibilidad de expulsar de los torneos nacionales a los equipos separatistas que se adhieran a otras competiciones fuera de las federaciones oficiales. En contra tenían al Real Madrid y Barcelona, que tienen todos sus huevos puestos en el proyecto de la Superliga. Desde LaLiga sospecharon que Florentino Pérez había presionado a PP y PSOE para lograr sus objetivos y forzar la retirada de unas enmiendas ya pactadas entre los dos partidos para incluir en la nueva Ley del Deporte. Finalmente llegaron a un acuerdo intermedio que evitó la huelga, pero estas tensiones reaparecerán en cualquiera de los muchos frentes que siempre se cierran en falso.

Mientras tanto las gradas de los estadios permanecen como agentes no alineados de estos conflictos. Los cánticos de denuncia contra las prácticas de la federación conviven con naturalidad con los gritos contra Tebas.

Lo que sí salió adelante dentro de esa nueva Ley del Deporte fue un artículo que expresamente prohibía a jugadores en activo mantener relaciones comerciales con una competición en la que puedan participar. Era una evidente respuesta a las informaciones de los «Supercopa Files», que entre otras cosas pusieron de manifiesto las dudas legales que generaban los negocios conjuntos de Piqué con Rubiales. Casualidad o no, la misma semana que esta norma culminó su tramitación parlamentaria, el histórico central del Barça anunció su retirada definitiva de los terrenos de juego.

Pundonor Rubiales

Para entender el «caso Rubiales» es importante conocer la trayectoria del presidente de la Federación. Luis Rubiales fue un jugador normalito que no dejó huella en el fútbol español. Digamos que no era de esos cromos que te hiciese especial ilusión cuando te tocaba en el sobre. Apenas disputó unas temporadas en la máxima categoría con el Levante UD. Llegó a ser capitán del equipo granota y se ganó el cariño de su afición contando incluso con una peña en su honor. Se llamaba Pundonor Rubiales y le pusieron ese nombre por la tenacidad que demostraba en el campo. El resto de su carrera discurrió por equipos menores, vestuarios modestos, retrasos en los cobros y futbolistas que no tienen una marca comercial que pague veinte pares de botas al año. Su origen es ese fútbol que no ocupa titulares, pero que representa la cruda realidad de la mayoría de la gente que se dedica a este deporte. No fue hasta que cambió el césped por la moqueta en 2009 cuando «Pundonor Rubiales» empezó a codearse con los ídolos y los focos. Sus cargos de representación le abrieron por fin las puertas de los lujosos vestuarios que se le negaban como futbolista. Y desde entonces no ha dejado de encadenar ascensos. Supo jugar sus cartas en ese fuego cruzado entre trincheras y en 2018 se hizo con las riendas de una Federación a la deriva donde los viejos colaboradores de Villar estaban camino de los juzgados o enfrentados entre ellos por la herencia. Solo un año después, Rubiales fue elegido vicepresidente de la UEFA siendo uno de los dirigentes más precoces en alcanzar ese puesto. De entrada, eso le reportó un incremento significativo de su nómina. Fue nombrado por unanimidad entre los miembros del Comité Ejecutivo del máximo órgano del fútbol europeo en una reunión celebrada en Bakú, Azerbaiyán, Asia.

Nada más asumir el timón del fútbol español, Rubiales lanzó este enigmático mensaje al ser preguntado por el futuro de la Supercopa. «Me vais a permitir que haga un paréntesis. Es un asunto que forma parte de una situación que todos conocemos». Lo que se escondía detrás de esas ambiguas palabras era la intención de convertir la competición en un lucrativo business. Rubiales consideraba que estaba anticuada y carecía de interés. La Supercopa de España comenzó a disputarse en el año 1982 y la jugaba el campeón de Liga contra el ganador de la Copa del Rey en un enfrentamiento de ida y vuelta en sus respectivos estadios. Este torneo es heredero de la antigua Copa Eva Duarte, nombrada así en honor de la primera dama de Argentina, Eva Perón, una reminiscencia de las buenas relaciones de Franco con el general Juan Domingo Perón. Apenas contó con siete ediciones y la última se remonta al año 1953. Mucho tiempo después se retomó y durante décadas se venía celebrando en agosto, antes del arranque liguero. Se consideraba el pistoletazo de salida al curso futbolístico y el nivel de asistencia a los estadios desmiente la tesis de Rubiales, pues las canchas presentaban gradas repletas por un título en juego a pesar de las fechas vacacionales. Pero siempre se puede ganar más. Solo hay que encontrar a alguien dispuesto a pagarlo.

Si hubiese que buscar un precedente en el que fijarse, probablemente serviría el ejemplo de Italia. La federación transalpina fue pionera en exportar su Supercopa a latitudes extrañas. La motivación era la misma, buscar un comprador dispuesto a pagar cantidades desorbitadas, que generalmente acaba siendo algún régimen dictatorial ávido de limpiar su imagen internacional. El destino de la Supercopa de Italia en 2002 fue la Libia del dictador Muamar el Gadafi. Otras sedes han sido China, Qatar y también Arabia Saudí. Estos experimentos no han evitado que el fútbol italiano haya perdido influencia y atravesado largos periodos de acusada decadencia en casi todos los sentidos. Si sirve de referencia, los ingleses celebran desde siempre el equivalente a esta competición en el estadio de Wembley, en Londres, su capital. Es un templo del fútbol mundial al que la tradición ha convertido en una aspiración para todos los aficionados. Solo ganar el derecho a ocupar esos graderíos para acompañar a sus equipos ya se considera un éxito. Desde hace tiempo, el fútbol inglés es la referencia en cuanto a su capacidad para combinar el éxito económico con el respeto a la historia. De cara a la temporada 2022/2023, los clubes ingleses gastaron en fichajes 2.240 millones. Eso es una cifra similar a la suma de las inversiones de las otras cuatro principales ligas de Europa juntas. La Federación Inglesa, responsable de la selección, también es la que más dinero ingresa del mundo.

En los planes de Rubiales para su Supercopa no estaba solo la deslocalización, sino también un cambio de modelo. Cuatro equipos pasarían a disputarla en un formato *Final Four* con dos semifinales y una final, todo a partido único. Se mantenía la invitación para los campeones de Liga y Copa, pero se ampliaba también a los subcampeones de ambas competiciones. En la primera edición con la nueva composición llegó el primer quebradero de cabeza. El Barcelona ocupaba dos de las cuatro plazas al haber ganado la Liga y haber perdido la final de la Copa del Rey contra el Valencia. Junto a ellos dos acudió el Atlético de Madrid como subcampeón liguero. Para completar la lista, en lugar de respetar la otra plaza que en teoría debería corresponder a la competición copera celebrando un desempate entre sus semifinalistas, se optó por invitar directamente al tercer clasificado en Liga. Dio la feliz casualidad de que era el Real Madrid. De ese modo, los árabes no tuvieron que aplicar ninguna cláusula de penalización al contrato y pagaron el precio máximo al contar con madridistas y culés en el cartel. Una cifra de 40 millones de euros, y todos contentos.

«Mejor miedo que asco»

Cuando Rubiales presentó su nueva creación ante los medios en la sede de la Real Federación Española de Fútbol dijo cosas como esta: «Queremos ayudar a la juventud saudí, a que la mujer mejore, y lo vamos a hacer sobre el terreno». Sus intenciones libertadoras no convencieron a nadie. La promesa era reinvertir las ganancias en el fútbol modesto español, pero los recelos ante el destino elegido no se disiparon ni siquiera con el siempre poderoso argumento del dinero. Tampoco con la ingenua exigencia de que los saudíes impulsen una liga femenina en su país. El rechazo fue aún mayor a medida que se fue conociendo la cocina de aquella negociación, en la que, por cierto, se habían mostrado interesados otros países menos sonrojantes.

Antes de comenzar a publicar las informaciones en *El Confidencial*, José María Olmo se encargó de llamar a los afectados. Se siguió la misma forma de proceder que un año antes con Florentino Pérez. Se contactó con Kosmos, la empresa de Piqué, y se hizo lo propio con Rubiales. El comportamiento de unos y otros no pudo ser más diferente. Olmo habló con Rubiales, su abogado y su número dos en la Federación durante casi una hora. El intercambio tuvo algunos momentos de tensión, como es lógico en estos casos, pero desde la Federación no se opusieron a que el periódico publicase la información que tenía en su poder. En todo caso, recordaron su derecho de emprender acciones legales en el futuro si lo consideraban oportuno. Esas llamadas no son obligatorias, menos aún cuando el periodista ha hecho un extenso trabajo previo de acumular pruebas y contrastar datos. Dar la oportunidad de réplica supone un acto de cortesía que en este caso, además, decidimos hacerlo con mucho tiempo de antelación. Tuvimos en cuenta que se acercaban las vacaciones de Semana Santa y la otra parte quizá necesitaba algún tiempo para recabar documentos y responder a nuestras demandas de información. En lugar de eso, su respuesta fue un comunicado sorpresa en el que la Federación denunció públicamente un presunto hackeo del móvil de Luis Rubiales con la intención de presentar como un delito cualquier publicación que pudiese aparecer en los días siguientes. No lograron su objetivo y el periódico siguió adelante consciente de que los datos en su poder tenían un evidente interés general para los lectores, los aficionados al fútbol y los ciudadanos en general.

La reacción de Kosmos tras las primeras revelaciones corrió a cargo de Piqué. Lo hizo a través de su canal de Twitch. Fue una comparecencia larga en la que contestó a muchas preguntas. Respetó el trabajo realizado por *El Confidencial*, admitió la llamada previa y reconoció el derecho a la información. En su defensa, el jugador puso en valor la oportunidad de negocio que les había surgido bajo el argumento de que ganar dinero es siempre sinónimo de éxito. Le costó más explicar qué hace un jugador en activo facilitando operaciones comerciales al jefe del seleccionador o de los árbitros que luego tienen que decidir en el campo si le señalan un penalti o no. También reivindicó su capacidad de separar aquel acuerdo por la Supercopa con el resto de su vida, pero eso duró lo que tardó el periódico en publicar las siguientes entregas de una relación que no se quedó solo en el negocio con los árabes. Rubiales, en cambio, optó por la confrontación directa con el medio de comunicación.

El presidente de la Federación se presentó como víctima de «una mafia dispuesta a robarle las comunicaciones o meterle un saco de cocaína» en el maletero. Él y sus colaboradores acudieron a desacreditar a los periodistas en los programas de radio y televisión. La Federación emitió comunicados de desmentido a las informaciones que se convertían en papel mojado en cuanto salía a la luz la siguiente publicación. Como avisó, Rubiales acudió a los tribunales para tratar de aplicar una censura a *El Confidencial* e impedirle cautelarmente publicar noticias sobre él durante un año, algo insólito en democracia. Tampoco así logró su objetivo. A pesar de la cantidad ingente de documentación, la premisa siempre fue publicar aquellas cuestiones que entrasen en conflicto con su cargo en la Real Federación Española de Fútbol. Nunca tuvimos interés alguno en desvelar asuntos de su vida privada. El periódico continuó difundiendo la documentación que tenía en su poder y nuevos datos que fueron llegando los días posteriores.

Rubiales usaba muy a menudo una frase que, según diversas fuentes consultadas, describe su liderazgo: «Mejor miedo que asco». Una cosa que se aprende rápido en el periodismo de investigación es que, cuando alguien tiene una manera concreta de ejercer el poder, acumula enemigos en el camino. Esas víctimas rara vez llegan a desaparecer del todo, solo están esperando el momento adecuado. Y esa oportunidad siempre llega, antes o después. No existe ningún liderazgo que no atraviese situaciones de turbulencia. Es ahí, al oler la debilidad en su oponente, cuando los enemigos que uno creía derrotados regresan todos de golpe tocando a la puerta. Dar una noticia muchas veces es el primer paso para la siguiente. Una vez más, la labor del periodista es separar los intereses concretos de la fuente del derecho a saber de los ciudadanos.

La impunidad con la que habitualmente actúan los gestores del fútbol encuentra demasiadas veces un muro cuando se topan con los tribunales de justicia y las normas que nos igualan a todos ante la ley en los países democráticos. El juzgado que tuvo que responder a la petición de aplicar una mordaza a los «Supercopa Files» corroboró que la información era «de interés general». Abrió el camino a investigar judicialmente a Rubiales al apreciar que las informaciones apuntaban a «hechos de dudosa legalidad como el cobro de comisiones, pago de viajes de placer con fondos de la Federación, patrocinios encubiertos, etc.». Rubiales llegó a plantear haber sido objeto de un ataque del sofisticado sistema de espionaje israelí Pegasus, señalado por haber infectado los teléfonos de mandatarios internacionales como el propio presidente del Gobierno, Pedro Sánchez. El juzgado tachó de meras «especulaciones» todas las versiones que presentó el máximo mandatario del fútbol español para explicar lo que describió como una filtración interesada.

Filtración. Las palabras son importantes, como dice el viejo tutor escocés interpretado por Peter O'Toole en *El último emperador*, la película de Bernardo Bertolucci. «No, majestad, los escoceses no llevan falda, llevan *kilts*. Cuestión de palabras quizá, pero las palabras son importantes». Y hablar de filtración queda feo cuando se usa para referirse a una información periodística. Conlleva una inequívoca carga peyorativa hacía el periodista que la publica y el valor mismo de la información. Algo así como si valiese menos en función del origen o la intencionalidad que se le intuye. Como si no fuese el mensaje el plato principal del proceso comunicativo. Como si el Watergate hubiese surgido de eso que llaman periodismo de datos y la garganta profunda de los redactores Woodward y Bernstein hubiese sido una tabla de Excel y no un funcionario del FBI con ganas de ajustar cuentas con sus superiores. Ni siquiera salvar la democracia, solo ajustar cuentas. Y ahí estuvo un periodista dispuesto a escuchar, destapar la verdad y, de paso, vender muchos periódicos, claro. Una exclusiva incómoda duele menos si se envuelve en presuntos intereses espurios, pero rara es la revelación en la que no intervenga una filtración sin que eso reste un ápice de mérito al resultado final.

Basta recordar el origen de los datos de la llamada «Lista Falciani» que permitió que afloraran los nombres de decenas de miles de presuntos evasores fiscales con cuentas sin declarar en el banco HSBC en Suiza, entre ellos algunos españoles. Esa información la puso en circulación un exempleado de la entidad, Hervé Falciani, que no tuvo especial miramiento por el secreto bancario helvético. Muy sonada también fue la investigación conocida como «los Papeles de Panamá». En esa ocasión, una fuente anónima se puso en contacto con el periódico alemán *Süddeutsche Zeitung* para ofrecerle 2.6 terabytes con datos de clientes del despacho panameño de abogados Mossack Fonseca. El resultado tras un año de cotejar datos fue el esclarecimiento de cientos de fortunas en paraísos fiscales y un premio Pulitzer, el galardón más importante en periodismo. Entre los implicados había jefes de Estado, dirigentes políticos y algunos de los empresarios más ricos del planeta. Todavía hoy habrá quien, como Rubiales, se siga preguntando si el interés que tenía la fuente original desmerece el trabajo final. Toda exclusiva parte de un resquicio por el que se cuela el periodista para amargarle el desayuno a algún poderoso. Al final, casi todas las preguntas se reducen a dos: si es verídico o no lo que te están contando y si es relevante para el ciudadano.

Tras las publicaciones, Rubiales aceptó eliminar de su sueldo el variable condicionado a los ingresos de la Federación. En lugar de eso, se adjudicó un sueldo de 675.761,87 euros brutos al año y una ayuda a la vivienda de otros 3.000 euros. Un informe de Hacienda concluyó que durante más de un año estuvo disfrutando de ese privilegio económico sin tener derecho a ello. Desde 2021 reside en una vivienda de grandes dimensiones valorada en 2 millones de euros en la calle Ferraz de Madrid que es de su propiedad y ese complemento le sirve para hacer frente a la hipoteca. El presidente se beneficia de un modelo organizativo en la Federación que depende de los apoyos que cosecha en las respectivas federaciones territoriales autonómicas. Pronto quedó patente el blindaje interno del que goza Rubiales en el cargo. Tras varias semanas de informaciones controvertidas en los medios de comunicación, la Federación celebró la asamblea a la que no quiso asistir el presidente de la FIFA, Gianni Infantino. En el cónclave se abrió un turno para que todos los presentes formularan ruegos y preguntas. Allí estaban árbitros, futbolistas, representantes de clubes y federaciones territoriales o entrenadores, entre ellos el seleccionador Luis

Enrique Martínez. Hasta en dos ocasiones se preguntó en la sede del fútbol de Las Rozas si alguien tenía necesidad de aclarar algo. Nadie hizo el menor amago de pedir alguna información complementaria a Rubiales para saber, por ejemplo, por qué necesita una ayuda a la vivienda con un sueldo que supera holgadamente el medio millón de euros. Nada.

El Gobierno y la estatua

¿Cuál fue el papel del Gobierno en toda esta situación? Los medios de comunicación dedicaron todo tipo de expresiones para definir la inactividad del Ejecutivo de Pedro Sánchez aquellos días. Se comparó su actitud con la de una estatua o la del avestruz que mete su cabeza bajo el suelo. El Ministerio de Deportes y el Consejo Superior de Deportes renunciaron a actuar de oficio pese a los escándalos publicados, el estupor de los aficionados y las dudas generadas entre los propios profesionales del fútbol. Tampoco le motivó reacción alguna conocer que Rubiales tenía grabadas sus conversaciones con altos cargos gubernamentales. Al momento de escribir estas líneas, medio año después de las primeras exclusivas, el Ejecutivo mantiene guardadas en un cajón las denuncias presentadas por varios afectados por las gestiones del presidente de la Real Federación Española de Fútbol, entre ellos el sindicato de jugadores. Bastaría una remisión de esos escritos al TAD (Tribunal Administrativo del Deporte) para delegar en sus juristas la labor de escrutar la cuestionada gestión del fútbol español.

El director de *El Confidencial*, Nacho Cardero, publicó una columna bajo el título «¿Qué poderes sostienen a Rubiales?». Describió la coraza que proporciona a los dirigentes del deporte su arcaico sistema de elección. En la nueva Ley del Deporte que casi cuesta una huelga, el Gobierno tenía previsto incluir una limitación de mandatos de ocho años. La medida desapareció del proyecto sin mayores explicaciones. Cardero abundó en ese delicado tablero de intereses mezclados en el que la caída del presidente de la Federación supondría una seria amenaza para pesos pesados como Florentino Pérez o el presidente del Comité Olímpico Español (COE), Alejandro Blanco. Rubiales tenía en Blanco a uno de sus principales valedores. Según se desprende de sus comunicaciones, le llamaba cariñosamente «Rocío Jurado» porque, según decía, le consideraba «el más grande». Blanco llevaba en su cargo desde 2005, tiempo suficiente para trazar alianzas y fortalecer sus posiciones sin que eso tuviese reflejo luego en el medallero de las citas olímpicas, todo sea dicho.

A medida que se sucedían las informaciones que cercaban su presidencia, Rubiales se aferró a un discurso que comenzó a repetir como un mantra. Igual que hizo Piqué desde el principio, se envolvió en el dinero como único argumento exculpatorio. Reiteraba a todo aquel que le preguntara que en la caja de la Federación había 140 millones de euros cuando llegó y con él la cifra ascendió hasta los 400 millones. A su juicio, eso bastaba para dejar de hacerse preguntas. Es decir, si Corea del Norte hubiese ofrecido más que Arabia Saudí, tampoco habría existido ninguna razón para rechazarlo. Con todo, el debate no debe girar solo en torno a la reputación del destino elegido. Plantear la cuestión en esos parámetros es una trampa puesto que se superaría simplemente encontrando otro lugar más presentable. Aquí la cuestión es la expropiación unilateral de una herencia deportiva, cultural y sentimental inherente al entorno que le da sentido.

Rubiales continuó asistiendo a los palcos del fútbol español y europeo repartiendo sonrisas y estrechando manos. El presidente guardó siempre una poderosa carta para protegerse: la organización del Mundial de fútbol de 2030 en España. «Se lo van a cargar ustedes con estas cosas», recriminó a los periodistas en una comparecencia. Sus wasaps con el presidente Sánchez demostraron que era la llave con la que accedió a las más altas instancias del Estado. El planteamiento que deslizaba esa alusión era sencillo: la publicación de presuntas irregularidades en su gestión pondría en peligro la candidatura conjunta con

Portugal. El éxito o el fracaso del proyecto estaría así ligado a su figura. Puso en valor su relación con Aleksander Ceferin y el compromiso de la UEFA de aparcar una candidatura del Reino Unido para despejar así rivales a la opción Ibérica. ¿Qué mandatario político estaría dispuesto a arriesgar la medalla electoral de conseguir para su país el mayor evento deportivo que existe?

La parálisis de los poderes políticos con competencias para intervenir resultó si cabe más sonrojante cuando la Fiscalía anticorrupción sí decidió abrir una investigación contra Rubiales y Piqué por sus negocios en torno a la Supercopa. Las pesquisas apuntaron a la comisión de graves delitos castigados con años de cárcel: corrupción entre particulares, corrupción en los negocios, administración desleal, prevaricación administrativa y cohecho. Los indicios debían de ser más contundentes de lo que interpretó el Gobierno porque a los pocos días un juzgado también encontró razones para investigar los hechos. Al tiempo de escribir este libro, la causa acumulaba ya cerca de 2.000 folios de escritos y diligencias en el Juzgado de Instrucción número 4 de Majadahonda (Madrid). Hasta la fecha, no se tienen noticias de que alguien le haya metido a Rubiales ningún paquete sospechoso en el maletero del coche.

Lo que sí aparecieron en la prensa fueron nuevas informaciones que salpicaron de escándalos su gestión como el fin de semana que pasó en un chalet de Salobreña con algunos de sus más estrechos colaboradores. Fue tras el confinamiento por la pandemia de Covid y hubo invitados de todo tipo, desde amigos de Rubiales a chicas. Se lo contó el exjefe de gabinete del presidente de la Federación a la Fiscalía anticorrupción. Esta declaración la desveló el diario *El Mundo* y el resto de los medios hicieron su trabajo de confirmarlo con sus fuentes primero y publicarlo después. En una primera versión de la edición digital de *El País* salió publicada la siguiente información al respecto: «Fuentes conocedoras de la supuesta fiesta aseguran que las chicas no eran prostitutas, sino captadas en discotecas y que su presencia en el chalet no las obligaba a mantener relaciones sexuales con los presentes». Un rato después, el periódico eliminó la alusión de que habían sido captadas en discotecas. Sí se mantuvo la aclaración de que no eran prostitutas. Desde la RFEF sostienen que fue una reunión de trabajo, pero la justicia añadió este episodio al conjunto de hechos investigados.

También salieron a la luz en *El Confidencial* nuevos mensajes de móvil de Rubiales con su padre y su tío con comentarios despectivos o de mofa contra equipos como el Villarreal, el Sevilla, el Valencia y el Atlético de Madrid. Los tres primeros clubes emitieron un comunicado conjunto exigiendo unas disculpas al presidente de la Federación que nunca llegaron. Más bien al contrario, Rubiales replicó que antes de directivo había sido futbolista y por eso mantiene ciertas rivalidades de cuando vestía de corto. Un compañero que había leído la información me trasladó una reflexión que me parece que explica bien el rechazo que generaron aquellas burlas en el móvil del máximo responsable del fútbol español: el jefe de Tráfico puede hacer lo que le dé la gana en su vida privada, menos conducir bebido al volante. Si le pillan, está acabado. Algo parecido debió de pensar el juez al que acudió Rubiales para tratar, otra vez, de frenar las informaciones sobre él.

Siguiendo la estela judicial de Florentino Pérez, aparcó la vía penal. Como el presidente del Real Madrid, Rubiales apeló a su derecho a la intimidad y al honor, pero otro juez, con las mismas leyes, llegó a conclusiones completamente opuestas a las de su compañera en el caso del presidente madridista. Según dejó escrito en su auto, «indudablemente, tiene interés público conocer la opinión del presidente de la Federación Española de Fútbol sobre ciertos clubes que forman parte de esa Federación». A su entender, «la evidente relevancia pública del demandante hace que los juicios de valor que puedan deducirse de los artículos periodísticos y que el demandante considera constituyen intromisión ilegítima en su derecho al honor, no puedan considerarse arbitrarios o gratuitamente realizados».

6

Estadios sin alma (y sin pancartas)

> La cancha constituye también un espacio de
> expresión de destreza, y en ocasiones de be-
> lleza, un centro de encuentro y comunica-
> ción y uno de los pocos lugares donde los
> invisibles pueden todavía hacerse visibles.
>
> Eduardo Galeano,
> *Cerrado por fútbol*

«Preparados para la lucha». Debí pasar cientos de veces por encima de esas cuatro palabras. Era el mensaje que veíamos bajo nuestros pies en cada partido antes de ocupar un lugar entre la grada. Estaban pintadas en el suelo del pasillo interior por el que entrábamos al estadio. Era un espacio diáfano que se aprovechaba para confeccionar los tifos, esas coreografías con lonas gigantes y banderas que se sacan en los instantes previos de un choque importante, esos días que uno marca en rojo en la agenda cuando se sortea el calendario de liga en verano. Esos fines de semana no hay viajes, ni comida con la familia, ni planes con la pareja. Justo en ese momento en el que la televisión da paso a los últimos anuncios (los que más pagan) o el narrador reza las alineaciones, el campo se sumerge en una atmósfera difícilmente comparable con nada. Quien lo ha probado, lo sabe. Son apenas unos minutos de expresión colectiva ensordecedora ante el verde completamente desnudo. Es una coreografía ensayada con el paso del tiempo donde todo el mundo sabe lo que tiene que hacer. Se grita de euforia, de nervios, de optimismo o simplemente para silenciar el miedo. Un tifo dura lo justo para contagiar a los jugadores cuando saltan al césped antes de que el balón comience a rodar, pero detrás hay horas de trabajo. Mientras la mayoría de la afición sigue con su vida entre semana, hay otros que emplean el tiempo libre que no tienen en pensar ideas, diseñar bocetos, tomar medidas y pintar. «Preparados para la lucha». Fue el mensaje que se usó antes de un derbi contra el eterno rival. No recuerdo el resultado final del partido y no me interesa una mierda. Sé que el primer gol lo marcamos desde la grada y eso es lo único importante. Aquellas cuatro palabras estaban escritas con unas letras grandes y amarillas que al pintarlas traspasaron la tela y se quedaron marcadas ahí para siempre sobre el suelo. Había rastros de otros tifos pasados, pero aquel mensaje destacaba sobre el resto en el hormigón gris del corredor al que la gente se retiraba en el descanso a comprar la Coca-Cola y el bocadillo. En esa zona era habitual también tener que esquivar los balones de los niños que usaban los quince minutos de entretiempo para imitar las jugadas que acababan de ver hacer a sus ídolos. Todo pasaba sobre ese mensaje que nos representaba a todos y que había que leer al entrar al partido, pero también al volver a la vida, tras el pitido final, preparados para la lucha.

Decía Galeano que no hay nada menos vacío que un estadio vacío y que no hay nada menos mudo que las gradas sin nadie. Sin embargo, hay algo peor que eso; presenciar a una afición retirarse de su estadio una última vez por mudanza. Es una sensación de orfandad que no le deseo a nadie. A uno le invade la vergüenza por no haber hecho todo lo que estaba en su mano para evitarlo. Lo impregna todo una culpa colectiva y de traición a todas las emociones vividas en ese lugar. Cuando llega ese momento, ya es demasiado tarde para resistirse. Yo fui de los últimos en marcharse de mi estadio. Había algunos más, pocos. Parecíamos los últimos de Filipinas, incrédulos ante la noticia de que todo había terminado y que no habría más batallas que librar en ese fuerte. Pero ni aquello era Baler ni fuera nos esperaba ningún honor que reivindicar, sino un entorno que empujaba a la desmemoria seducido por los cantos de sirena de la presunta evolución. Simplemente habíamos perdido. En el nuevo estadio alguien intenta alguna vez personalizar el lugar como antes con algún mensaje o colocando alguna pegatina del equipo, aunque solo sea para marcar territorio en la puerta de los baños. Pero ningún intento termina de cuajar y cuando volvemos a la semana siguiente el club ha borrado cualquier expresión espontánea de la gente. Ahora, antes de abandonar el campo, lo último que se lee es un cartel impersonal que indica cómo llegar a la salida de emergencia.

En la paulatina despersonalización de las gradas, los estadios son una víctima propiciatoria clave. Hoy sirven para casi todo menos para lo que tienen que servir. Basta comprobar el modo en el que los clubes venden a sus aficionados el traslado a un recinto nuevo. Destacan la multitud de palcos vip con todas las comodidades que difícilmente podrán pagar, techos retráctiles para resguardarse de la lluvia y el frío, red wifi en todas las esquinas, aire acondicionado, un millón de bombillas led de bajo consumo, marcador interactivo, más espacio entre butacas. Tratan de convencerte hasta con los parques que hay en los aledaños. A todo eso le llaman modernidad. Avanzan que servirá de reclamo para nuevos clientes, empresas y eventos. Nunca nadie se preocupa, por ejemplo, por la acústica que tendrá el campo nuevo. O si la inclinación de la grada permitirá seguir desplegando lonas antes de los partidos. Tampoco te dicen que tu abono pasará a costar más, ni te garantizan el destino de tus compañeros de butaca con los que acumulas ya más momentos de intensidad que con algunos miembros de tu familia real. No avisan de que ya no habrá bares de confianza en los alrededores, sino unas food trucks con ínfulas que venden hamburguesas gourmet del chef de moda en lugar de bocadillos. No hay competencia alrededor y los explota directamente el club, que fija los precios, por supuesto más caros. El mensaje parece tener al aficionado como protagonista, pero es justo lo contrario. Los nuevos estadios están desplazando si cabe un poco más al hincha de su papel protagonista. La última moda ahora es que la iluminación general apaga las luces de la grada durante el partido al modo de la NBA para potenciar el foco sobre el césped y la afición queda sumida en penumbra. Genera en los jugadores un efecto parecido al de los actores sobre las tablas de un teatro a los que les ciegan los focos y no pueden ver lo que transmiten en las caras de su público. Ya solo falta que alguien idee un sistema para modular el volumen de la hinchada y así subirlo cuando aplaudan o darle al mute si protestan. Todo se andará.

De momento, ahí está la figura del speaker que incomprensiblemente se ha vuelto imprescindible en todos los estadios. Antes se limitaban a anunciar las alineaciones, los cambios o recordar a la grada visitante que tendrá que esperar a que se desaloje todo el campo antes de poder marcharse. Con el tiempo han adquirido plenos poderes convertidos en maestros de ceremonias. Todos los speakers son iguales, dicen las mismas tonterías, cantan exactamente las mismas canciones simplonas en todos los estadios («¡Sí se puede!», «¡A por ellos, oeeee!»...). Suenan como un padre haciéndose el colega con sus hijos. El speaker ahora es como un animador con estilo de Cantajuegos. Animan a hacer la ola, aunque el partido vaya empate a cero y no esté pasando nada. Refuerzan la intención de convertir la experiencia de ir al fútbol en algo obligatoriamente divertido como si fuese una despedida de soltero que no termina de arrancar en lugar de un rito que tiene sus tiempos y sus códigos.

La misión de ponerle voz a una cancha, de adaptar canciones, de llevar la cultura popular a las gradas y hacerlas retumbar, vibrar y sentir corresponde a la gente. Debe ser algo natural y espontáneo. Y el resultado es indudablemente mejor, auténtico, real. Ahora el speaker irrumpe incluso en el momento del gol con música discotequera. Su voz enlatada anima al personal —como si hiciera falta—, al que trata como a turistas en un espectáculo cutre de hotel de veraneo. Detrás de esta realidad se esconde una intención nada inocente de amputar la libre expresión de una hinchada. Embridar y acallar a la grada con la megafonía para asegurar un producto infantilizado obligatoriamente exportable a todos los públicos, en especial a través de la televisión. La plataforma que emite los partidos de fútbol en España hace tiempo que aceptó el control incluso de las entrevistas a los jugadores al finalizar los partidos. Se camina hacia la censura sin que nadie se rasgue las vestiduras porque siempre hay alguien que lo justifica en un contrato con muchos ceros. «Es lo que vende», dicen. Se asume que la patronal pueda elegir incluso a los narradores de los partidos en televisión. Todo confluye en una concepción pesimista y temerosa que se hace pequeña ante la riqueza y la pluralidad de los estadios. La homogeneización convierte a los campos de fútbol en modelos idénticos como en un videojuego donde si acaso cambian algunos colores. Todo esto garantiza una disciplina a prueba de imprevistos como un desfile en Corea del Norte y mata la posibilidad de vivir experiencias únicas e irrepetibles que a la larga incluso resultarían más rentables económicamente.

Y de pronto, La Boca y Casablanca

Prueba de ello es la sorpresa con la que me topé dando vueltas por Internet. Me detuve en una página web a la que me llevó mi algoritmo, que nunca desperdicia la oportunidad de demostrar lo perdido que está respecto a mis gustos. Quizá fue porque la imagen de la cosa era Éric Cantona, alguien que tras dejar el fútbol protagonizó —interpretándose a sí mismo— una de las películas más esperanzadoras de la obra del genial Ken Loach (*Buscando a Éric*, 2009). El delantero francés que reinó en Old Trafford con su personalidad apabullante aparecía en aquella web en su versión actual, sin el cuello de su camiseta roja del United levantado, sino con barba descuidada y pasado de kilos. Anunciaba una extraña agencia de viajes futbolera que ofrecía vivir la experiencia de presenciar un partido en alguno de los principales estadios del planeta. La propuesta va más allá de conseguirte un sitio en el campo, es algo más ambiciosa. El paquete incluye alojamiento y una serie de actividades en la ciudad relacionadas con el estadio y el equipo elegido. Se trata de un producto exclusivo, no ofrece un partido cualquiera, sino los más importantes del año. En España daban la opción de apuntarse en una lista de espera para vivir el cruce de Champions entre el Real Madrid y el PSG. El plan incluía una masterclass con un periodista de *El País*, desayunar en el Rastro o ensayar cánticos con la peña madridista Al Ataque. Meses después, la misma web con Cantona a modo de reclamo ofrecía una visita al Camp Nou para presenciar un clásico, otra masterclass, en este caso con un agente de futbolistas, y una tarde de cervezas y canciones con la Penya Cinc Copes culé. Todo por un módico precio de 1.425 dólares de nada. Y eso sin incluir el desplazamiento, que corre a cuenta del cliente. Hay un apartado sobre respuestas a preguntas frecuentes de los usuarios. Una de ellas recomienda memorizar frases antes de acudir al destino en cuestión. En el caso de Barcelona, aconsejan apuntarse en alguna parte para no olvidarse que *«tot el camp és un clam»*. Si usted ha llegado hasta aquí, querido lector, ya podrá imaginar lo que pienso de que los clubes reserven una parte de sus estadios a explotar este tipo de negocios para turistas adinerados en detrimento de un aficionado tradicional. Para empezar, la consecuencia directa de que exista gente dispuesta a pagar más de 2.000 euros por un capricho de cuarenta y ocho horas es el encarecimiento de los abonos para el público general la temporada siguiente. Es el mercado, te dirán.

Pero lo que realmente me llamó la atención de la astracanada fue comprobar la lista de los estadios con los que trabaja esta agencia. También están San Siro de Milán, Anfield de Liverpool, Old Trafford de Manchester, el Parque de los Príncipes de París o el José Alvalade de Lisboa. Hasta ahí, todo bastante previsible. Son las sedes de algunos de los equipos más mediáticos del mundo en cuyas plantillas se encuentran las principales figuras del momento. Sin embargo, la oferta también incluía dos destinos poco convencionales; la Bombonera de Buenos Aires, la cancha de Boca Juniors, y el estadio Mohamed V, el hogar del Raja de Casablanca, uno de los equipos más seguidos de Marruecos. Estaremos todos de acuerdo en que estos dos conjuntos no están en esta selección por su estilo de juego ni por la calidad de sus futbolistas. Ni la Liga argentina ni la marroquí se retransmiten en la mayoría de los países europeos. ¿Cuál es el atractivo entonces? Su propuesta no es disfrutar de un buen partido, algo nunca garantizado, sino adentrarse en una atmósfera desconocida para un aficionado medio. Boca y Raja están ahí, compitiendo con Mbappé, Salah, Benzema y Messi, porque sus estadios son diferentes. Ofrecen una experiencia incomparable a pesar de no tener aire acondicionado en sus butacas. Ni falta que les hace. Desplazarse todavía hoy a algunos campos fuera del circuito «oficial» supone viajar casi en una máquina del tiempo a escenarios todavía sin desnaturalizar y eso es exactamente lo que los hace atractivos por auténticos. Su activo es algo mucho más perdurable en el tiempo que la inversión puntual de una fortuna extranjera capaz de reunir a jugadores de moda con una carrera limitada. El respeto a la tradición, la observancia de los códigos, la ortodoxia de una liturgia imposible de abarcar también es una inversión a largo plazo. Si todos los estadios acaban por ser iguales los unos a los otros, eso y otros muchos tesoros particulares moldeados con el tiempo se perderán.

La cancha de Boca es un viejo templo del fútbol mundial con nombre de galán de telenovela. Oficialmente se llama estadio Alberto José Armando, pero todos lo conocen como La Bombonera porque al arquitecto que ideó el diseño le regalaron una caja de bombones y cayó en la cuenta del extraordinario parecido que tenía con su obra. Entre las calles del Doctor del Valle Iberlucea y Brandsen de Buenos Aires, preside desde hace ochenta años el corazón de La Boca, uno de esos barrios de la capital argentina a evitar cuando cae la noche. Ese lugar lo fundaron hace dos siglos emigrantes genoveses y en las aceras de sus calles sin alcantarillado se amontonaba la mierda, razón por la que a los hinchas de Boca les llaman bosteros. No es precisamente uno de esos estadios con comodidades. De hecho, buena parte de sus gradas no tienen ni butacas, todos de pie, apiñados, imponentes. Difícilmente una infraestructura así podría albergar una gran final según los cánones europeos. Ellos se lo pierden. «Muchos caudillos se cagaron en esta cancha», dejó dicho Maradona. Sus alrededores huelen a choripán servido en asados callejeros y vino. Uno de los murales que decora sus fachadas dice así: «A los fundadores y a la gente, a los artistas y a los ídolos, al tango y al fútbol, que hicieron de la Boca un destino y un mito». La Bombonera es un lugar místico que como otros estadios en Sudamérica ha emprendido el camino de la europeización con remodelaciones en las que anuncian butacas más cómodas, palcos vip y nuevas opciones de explotación del recinto que traerán, dicen, mayores ingresos. River Plate inició el mismo camino con El Monumental, incluyendo un cambio en la distribución del aforo y eliminando el color tradicional de las gradas, que era una franja roja cuidadosamente pintada sobre un fondo blanco en cada sector imitando la camiseta del equipo. Ahora será todo gris hormigón como el cielo nublado de Bruselas o el traje de un funcionario de la Rumanía de Ceausescu. Los hinchas protestaron y la dirigencia del club les contestó así: «Todos estamos acostumbrados a ver el estadio con el color que nos caracterizó toda la vida, pero bueno, si uno mira hoy lo que está pasando en el mundo y uno mira a los entendidos cuando uno hace estas cosas no tiene que creerse que uno sabe todo. Hay que escuchar a los entendidos y los estadios más importantes del mundo están trabajando con colores oscuros». Los entendidos. En lugar de poner en valor la identidad propia, esta se destruye para hacer lo mismo que están haciendo todos por recomendación de unos presuntos entendidos que nadie sabe quiénes son o cuáles son sus criterios. Maracaná, el coloso brasileño, ya se lo cargaron para el Mundial de 2014 hasta despojarlo de la personalidad que lo hacía único para convertirlo en un estadio más. Construido para el Mundial de 1950, Maracaná llegó a contar con un aforo de 220.000 espectadores. Vivir un partido en esa cancha era presenciar una radiografía de la sociedad carioca, con su clase media acomodada, los *arquibaldos*, copando la zona de las *arquibancadas*. Debajo de ellos estaban los *geraldinos* abarrotando la grada general, la más económica. Poco o nada queda ya de eso. Alerta. Los lugares sagrados acarrean siempre la condición de intocables porque en cada piedra pueden haber sucedido cosas importantes. Basta visitar La Bombonera en compañía de uno de sus feligreses para comprobar que en ese escenario abundan los objetos sacros. «En aquel arco fue donde Roma atajó el penal que definió el campeonato de 1962». Da igual que esa portería la hayan cambiado cien veces desde entonces porque siempre será el arco donde el portero de Boca le paró el penalti decisivo a River y la gente invadió el campo para festejarlo hace sesenta años. «Allá arriba se ubica La Doce [los seguidores más incondicionales]». «Aquel es el palquito de Diego», desde donde celebraba los goles de su equipo como un Che, tocado con su gorra verde oliva y su habano cubano. Ahora va su hija. «Y aquel es el alambrado al que se encaramó el Diez tras convertir el penal contra Argentinos Juniors en el 97». «Y en esa otra verja es donde trepó el "Manteca" Martínez luego de vacunar a River en el 92».

Ahora, algunos de estos vallados los han retirado en uno de esos retoques estéticos que acaban por alterar la personalidad de una mirada. Todavía resiste alguna de esas vallas. Tiene sus hierros entrecruzados como los que delimitan cualquier potrero y acaban deformados de tanto recibir balonazos. Son como la alambrada por la que trepaba Vega, el luchador español del popular videojuego de los noventa *Street Fighter II*. Por definición, una alambrada es un símbolo de separación que convierte en sospechoso a quien se confina al otro lado. Pero hay vallados que el tiempo convirtió en otra cosa. Me detuve en esta idea en un artículo para la revista *Líbero* tras la muerte de Maradona. Ni el «Pelusa» ni el uruguayo Sergio Daniel «Manteca» Martínez eran cacos que estuvieran huyendo de nada cuando se encaramaron en esa verja, sino ídolos que buscaban fundirse en un abrazo eterno con la gente. No se podía subir cualquiera a ese alambrado. A nadie se le ocurriría trepar por un gol intrascendente. Tampoco un recién llegado sin ser bendecido antes por la grada. Ese vallado es casi como un lienzo reservado a culminar las más bellas obras de arte dibujadas antes sobre el césped. Basta echar un vistazo a la imagen de Batistuta cuando la goleada a Racing de Avellaneda en el 91. Inmortalizado por la cámara de Luis Micou, parece como un cristo del Renacimiento con dos compañeros abrazados a sus pies en el papel de la Virgen María y san Juan Evangelista. Uno de los últimos en realizar el ritual fue Carlos Tévez, el «Apache», justo antes de la pandemia tras el gol que les dio el campeonato en 2019. Le siguió dos años después el «Pipa» Benedetto para celebrar el gol de la victoria al eterno rival en el superclásico de 2022.

Pretendieron llevar a Madrid una parte de toda esa esencia cuando, en 2018, unos incidentes violentos impidieron a Boca y a River disputar en Buenos Aires la final de la Copa Libertadores de América, la máxima competición de clubes en ese continente adonde el fútbol llegó antes que a España. El superclásico del fútbol argentino es algo sencillamente inexportable fuera de su entorno. No es un táper con croquetas de tu madre que te puedas llevar a casa. Un Boca-River lejos de la Bombonera o el Monumental se muere. Es el marco en el que se desenvuelve esta historia, el atractivo de un partido que en lo futbolístico hace ya tiempo que perdió interés. En condiciones normales, sería uno de esos encuentros que el relato único del gusto europeo futbolero rechazaría por mediocre. Contemplar un Boca-River al resguardo de la comodidad de un estadio como el Bernabéu es como pretender conocer las pirámides de Egipto desde la mesa del casino del hotel Luxor de Las Vegas. Fue como si alguien plantease reconstruir Macondo entre los rascacielos de Nueva York. La Bombonera, como otros estadios todavía, atrae por su pureza inalterable al paso del tiempo. Sus gradas, repletas de trapos y pancartas tapando los carteles publicitarios, son un desafío al fútbol moderno europeo en donde el riesgo significa llegar un día a tu butaca y, en lugar del compañero de toda la vida, encontrar a un turista asiático haciendo fotos a 200 euros la entrada. En el caso de Boca-River en España, los turistas eran los madrileños que se hicieron con una localidad por el puro morbo de asistir a la recreación de una de las mayores rivalidades del mundo del fútbol sin saber siquiera quiénes eran el «Príncipe» Francescoli o Blas Giunta.

Por su parte, Marruecos alberga junto a otros países del norte de África uno de los fenómenos más interesantes a nivel de grada desde hace algunos años. Sus principales estadios se abarrotan los días de partido y sus aficiones entonan cánticos que superan con mucho lo deportivo. España vive de espaldas al día a día del vecino marroquí. Prácticamente nadie a este lado del estrecho sabría decir el nombre de un equipo local, no digamos ya de un par de jugadores. Sin embargo, lo que sucede en sus estadios es un extraordinario termómetro social. Los cánticos que emanan de sus bancadas serían la pesadilla de cualquier speaker-censor en su abnegada tarea de homogeneizar los campos hasta su despersonalización total. El Raja de Casablanca, fundado en 1949, es un equipo tradicionalmente ligado a las clases más populares de la ciudad. Juega sus partidos en el estadio Mohamed V, bautizado así en honor del abuelo del actual rey de Marruecos, artífice de la independencia del protectorado francés en 1956.

Como con La Bombonera de Buenos Aires, las fotos que usa la web de Cantona para promocionar este destino enfocan todas a la grada, convertida muchas veces en altavoz de la calle contra sus dirigentes políticos. Sus mensajes y coreografías son de las mejores del mundo en cuanto a sincronización, potencia y puesta en escena. Lo que no se ve no existe en los televisores de Europa, pero tienen millones de reproducciones en YouTube, seguidores jóvenes que escuchan en sus himnos cosas como esta: «Las autoridades lo han llenado de problemas / y la corrupción de los Gobiernos / el árabe está viviendo con muchas dificultades / su futuro se ve oscuro / el rajawi [seguidor del Raja] es la voz del pueblo oprimido que no puedes escuchar / nosotros sabemos lo que está pasando». Estos son los versos que canta al unísono un estadio de 67.000 espectadores en protesta por lo que entienden como una traición a la causa de la liberación de Palestina. Marruecos suscribió a finales de 2020 un acuerdo para normalizar sus relaciones con Israel que rompe la histórica unión árabe en torno a la solidaridad con el pueblo palestino. El periodista local de Associated France Presse (AFP) Hamza Mekouar recorrió algunos de estos estadios, habló con sus residentes y recogió sus reflexiones. «El estadio sigue siendo el lugar en el que uno se puede expresar sin problema», decía un marroquí, consciente de que vive bajo las normas de un Estado que por lo general no tolera bien las críticas ni la libertad de expresión. La grada del estadio Mohamed V tiene cánticos que luego se han usado en manifestaciones callejeras: «En este país vivimos en una nube sombría / ustedes han robado las riquezas / y las han compartido con extranjeros / han destruido toda una generación». Eso es una afición reafirmando su identidad fundacional y reforzando los vínculos que le unen con su equipo y a este con los barrios de Casablanca a los que representa más allá de los noventa minutos que dura un encuentro. No es el único caso en la región. Si esto sucediera en España, seguramente habría muchas voces que clamarían contra la utilización política de los estadios, exigirían que los cánticos se limitasen a animar acríticamente a los jugadores y pedirían al speaker que hiciera atronar la megafonía. La señal de televisión, por supuesto, enfocaría hacia otro lado. Y todas estas prevenciones no tendrían siquiera una motivación política, sino económica: salvaguardar el producto con un formato amable, porque meterse en líos no vende. Ya lo advirtió en su momento el propio Michael Jordan cuando se sacudió cualquier implicación política en favor de los afroamericanos con un cínico «los republicanos también compran zapatillas». Me pregunto cuál será la frase que la agencia de viajes de Cantona recomienda memorizar a sus clientes coleccionistas de experiencias fuertes cuando lleguen a Casablanca.

Los figurantes de Javier Tebas

LaLiga que dirige Javier Tebas aprobó un Reglamento para la Retransmisión Televisiva de más de cien folios que impone a los clubes un sinfín de normas de obligado cumplimiento durante la emisión de los partidos. El código está vigente, en su última versión, desde la temporada 2018/2019 y es válido para los encuentros de la competición liguera, pero también para los de la Copa del Rey que produce LaLiga, pese a que se trata de un torneo que depende de la Real Federación Española de Fútbol (RFEF). «La homogeneización de la imagen y percepción audiovisual es el fin que persigue este Reglamento», advierte desde su primera página. No engaña, se pretende la uniformidad total. Se creó una figura llamada directores de partido, feliz eufemismo para referirse a una suerte de comisariado político que se chiva si alguien no respeta el protocolo. Y la consecuencia son sanciones económicas para los clubes que no cumplan, por ejemplo, con la altura del césped estipulado, el tamaño de las mascotas oficiales de los equipos o las exigencias de iluminación artificial del estadio porque «tiene un impacto directo sobre la calidad de la imagen de televisión y, en consecuencia, sobre la percepción audiovisual». Puede que el que esté en la grada no acierte a distinguir bien quién lleva el balón ya que le han plantado una grúa de cámara delante, pero lo importante es que se entere el que está en su casa y que las luces de la cancha no saturen la señal de su televisión. Se exige también que los nuevos estadios o los que sean remodelados deben alejar al público unos metros más para dejar sitio en su lugar a «la correcta instalación de los dispositivos de producción de televisión». Esta zona debe ser de al menos cuatro metros de ancho a lo largo de las líneas de banda y de meta en todo el perímetro y de cinco tras las porterías. LaLiga pide incluso revisar los proyectos arquitectónicos de los nuevos estadios para asesorar sobre los puntos en los que deberán poner sus aparatos.

La parte más interesante de este «catecismo» de la evolución es la que se centra en el público y que confirma su papel de mero atrezo en el decorado. Solo le falta indicar cómo debemos ir peinados. «Teniendo en cuenta que gran parte de la cobertura televisiva se realiza con las cámaras instaladas en la tribuna principal es evidente la importancia de la ocupación de la grada opuesta a la cámara principal», avanza. La ocupación de dicha grada deberá ser de al menos el 75 por ciento y, si no se cumple, toca pagar sanción. Si la ocupación es inferior al 50 por ciento, la multa es doble. Para controlar esta exigencia se revisan tanto las imágenes captadas durante el partido como la información de los tornos de acceso al estadio. Por supuesto, en estas normas también se vela por la correcta visualización de los carteles publicitarios ubicados en el tiro de cámara que se ve en la televisión, así que nada de que los aficionados interfieran en ese interés comercial molestando con sus pancartitas: «Con el fin de no distorsionar la percepción monocromática, los clubes requerirán, a instancias de LaLiga, que las pancartas u otros elementos que pudieran exhibir seguidores o grupos de animación no cubran total o parcialmente la publicidad colocada en los soportes publicitarios».

Para conocer la normativa respecto a la colocación de pancartas en España, LaLiga remite a la Ley contra la Violencia en el Deporte de 2007, que contempla multas de hasta 650.000 euros, las más altas de cualquier ley promulgada nunca en España. En todo el articulado aparece la palabra «pancartas» en cuatro ocasiones. En todas ellas es para advertir contra la exhibición de mensajes racistas, xenófobos e intolerantes o que inciten a la violencia y el terrorismo. A partir de ahí, la institución que dirige Javier Tebas redactó la llamada Circular Número 5 para la temporada 2021/2022. LaLiga impone la obligación de mandar dos días antes un boceto de la pancarta que quieres introducir en el estadio para que sea revisada y en su caso autorizada. Pregunto a un club por las condiciones para poder mostrar una durante el siguiente partido. Informo por correo electrónico que no sería muy grande, más o menos metro y medio de alto y cuatro metros de largo. La respuesta confirma ese filtro previo que corre a cargo de empleados del club. Me dicen que ha de ser aprobada y para ello les tengo que mandar una foto antes. Me proponen que la coloque en otra parte del estadio, bastante lejos, por cierto. Para ello me advierten de que puedo acudir tres horas antes del inicio del partido. En cualquier caso, la respuesta del Departamento de Seguridad del club consultado me recuerda que mi pancarta «no puede tapar publicidad». Mejor no llevo nada, gracias.

Esos trapos, confeccionados con pasión por los aficionados, llevaban décadas en algunos casos diciendo presente en cada partido. Los pioneros se esforzaban en hacerlas en verso y conjugar rimas en sus mensajes. Es una forma de acreditar la fidelidad al equipo, mostrar su apoyo a algún jugador o dictar sentencia fijando la posición de la grada sobre asuntos concretos. Uno llega al estadio y en un breve repaso visual podía comprobar que estábamos todos los que teníamos que estar y el balón podía echar a rodar. Ahora, esa forma de expresión de las gradas queda reservada para que se anuncie el fondo de inversión de turno, una aerolínea o una empresa gasística sin ninguna vinculación con el club. Las mismas marcas se repiten en casi todos los estadios. Como remate final, LaLiga prohíbe las invasiones de campo festivas. Según dice, «generan una imagen negativa de la competición desluciendo la retransmisión televisiva». Se desconoce a quiénes han consultado para sostener tal afirmación.

Gradas visitantes: mejor en familia

Conviene revisar el trato que se dispensa a los aficionados visitantes que se desplazan para ver a su equipo en campo rival. España es uno de los países donde menos gente se mueve a otras canchas. Eso no solo tiene que ver con las distancias entre estadios (en otros países, como Argentina o Inglaterra, hay muchos equipos que juegan en la misma ciudad, y eso facilita las cosas). Por motivos televisivos es habitual que en España se ubiquen partidos en viernes, lunes o domingo a última hora, por lo que olvídate de llevar a tus hijos o viajar sin tener que pedir el día libre en el trabajo. A eso hay que sumarle que, al menos en España, es imposible saber la fecha y la hora de un encuentro hasta unas semanas antes y no son pocas las veces que se cambian sobre la marcha. Esta costumbre tan española imposibilita planificar un desplazamiento con tiempo suficiente. Existe la posibilidad de que te comas la entrada y el billete de tren o avión si hay alguna modificación. El precio de las entradas es otro elemento disuasorio. Se entiende que los equipos alcanzan una especie de pacto que consiste en respetar el coste que fija en el partido de ida el equipo que ejerce primero como local. Pero no hay nada estipulado al respecto y queda a la voluntad de los clubes. En la práctica ni siquiera el pacto se respeta siempre, sobre todo si el rival es uno de los grandes o se espera un gran movimiento de gente. Los hay que parecen tener miedo de que un desplazamiento deje en evidencia a su propia afición y suben los precios a los visitantes casi como medida de seguridad para que no vaya nadie. Se da el caso de partidos más bien normalitos que cuestan más dinero que una final de Champions. En la temporada 2021/2022, el Mallorca puso a ciento veinte euros el precio de las entradas para los aficionados visitantes. La decisión generó algo de polémica entre los afectados que pensaban viajar y el club insular rebajó algo el coste, no mucho. Al final no se desplazó casi nadie a la isla, un destino caro al que no se llega fácilmente fletando un autobús, a decir verdad.

Sin embargo, lo que más afecta a este capítulo es la zona del estadio que se reserva al «extranjero». Salvo honrosas excepciones o estadios pequeños, la parte habilitada a la afición visitante es la peor de todo el estadio o la más alejada del césped. De los baños ni hablamos. Normalmente eso va unido a medidas especiales de seguridad como redes o mamparas que reducen todavía más la visibilidad. Los cacheos en los accesos son en ocasiones excesivos y las razones para requisar banderas o pancartas a menudo resultan arbitrarias. Lo que vale una semana, no está permitido a la siguiente. Demasiadas veces el aficionado se marcha con la sensación de que de haberlo sabido no hubiese gastado ni el tiempo ni el dinero empleado. En el mejor de los casos seguirá viajando a ver a su equipo, pero sacando su entrada como un aficionado local entre el resto de la afición del otro equipo. En según qué casos, eso supone un riesgo para la integridad física.

Hay muchas teorías sobre cuál debe ser la relación entre aficionados locales y visitantes en un estadio. Tras haber asistido a multitud de estadios en casi todas las condiciones posibles menos la de árbitro, mi opinión personal es que debe existir la grada visitante, pero a precios razonables y ubicada en zonas aceptables del estadio donde poder vivir momentos en compañía de los tuyos. Lo encuentro la mejor solución, también desde el punto de vista de experiencia de grada de ida y vuelta. Veo más atractivo para el seguidor, tanto en el estadio como a través del televisor, que el duelo sobre el césped tenga su réplica en los graderíos. Celebro que exista ese intercambio entre ambas aficiones, que el equipo rival tenga un lugar al que acudir a celebrar con los suyos cuando marcan o al finalizar a agradecer el apoyo. Este formato también es más cómodo desde la perspectiva de la seguridad pues permite a las autoridades focalizar la atención en un solo punto del campo en lugar de permanecer pendiente de múltiples zonas. Conozco pocos casos de aficionados que prefieran asistir a un encuentro tratando de pasar desapercibidos en una grada ajena que rodeados de los suyos con toda la actitud del mundo para hacerse escuchar y que sus jugadores se sientan arropados en «territorio comanche».

En esto los campos ingleses son un buen ejemplo y miles de aficionados españoles pueden dar fe de ello cuando han viajado con sus equipos en competiciones europeas. En cuanto a los precios, la Premier League comunicó en 2019 que todos sus clubes por unanimidad habían acordado mantener un precio máximo de 30 libras (35,25 euros) para las entradas de los seguidores visitantes, vigente desde 2016. Se comprometían a mantener este tope durante al menos tres temporadas más. Así defendía esta decisión la que es considerada mejor liga del mundo: «Todos los clubes conocen la importancia crucial de los aficionados visitantes para generar el mejor ambiente posible en los partidos y reconocen los costes de viaje adicionales que a menudo implica seguir a un equipo fuera de casa». No parece que los equipos ingleses se estén arruinando por ello. La asistencia a sus estadios supera con creces el 90 por ciento de media, por lo que no responde a una falta de demanda. No es tan difícil tomar medidas desde el sentido común y el respeto al aficionado y que el modelo funcione.

Prueba de que las gradas visitantes resultan atractivas para el ojo ávido de espectáculo es que las cámaras de televisión suelen buscar siempre un plano de ellas cuando marca su equipo. Desde hace unos años la imagen en España casi siempre es la misma: un lejano y famélico grupo de valientes abandonados a su suerte que no se sabe muy bien si están festejando o haciendo señales a la cámara superzoom para que alguien vaya a rescatarlos.

El sentimiento no se alquila, la butaca tampoco

Mucho se ha hablado y se ha escrito de la invasión de alemanes del Eintracht de Frankfurt que el barcelonismo consintió en el Camp Nou durante la vuelta de los cuartos de final de la Europa League de 2022. Multitud de socios vendieron su abono al mejor postor para un partido que no les interesaba demasiado y propiciaron una humillación mayor que cualquier derrota sobre el césped. Se encontraron con 30.000 alemanes ruidosos en las gradas ocupando los asientos que ellos mismos les habían revendido por Internet. Según las crónicas de los periodistas especializados que cubren habitualmente al Barcelona, además de las 5.000 localidades que se pusieron a la venta para la afición rival, los seguidores del Eintracht también se aprovecharon de que el club tardó en bloquear la compra de entradas por Internet desde Alemania. Si se detecta que la IP del ordenador que trata de hacerse con un boleto es extranjera, el proceso se para. Pero al menos esa vez no ocurrió o se demoró más de la cuenta. Otra vía fueron los turoperadores que adquirieron las entradas y luego las vendieron en paquetes de viajes a los aficionados teutones. Un Barça necesitado de dinero se limitó a pedir perdón, asumió que sus controles fallaron y prometió que nunca más se volvería a repetir. La directiva encabezada por Joan Laporta hizo lo que se suele hacer en estos casos: encargar una investigación interna, y a otra cosa. Los alemanes, además, iban vestidos de blanco, justicia poética. Es el mercado, cabría contestar ahora. Fue el merecido castigo para quien renunció a defender y proteger su casa, que en este caso terminó mancillada y con el Barça eliminado de la competición. El escritor culé Manuel Vázquez Montalbán describió al equipo de sus amores como «el ejército desarmado de Cataluña», una expresión que abunda en la idea de que el Barça es *més que un club* (más que un club). Nunca estuvo más desprovisto de armas que aquella noche de invasión alemana. Ser el dueño de un abono exige un mínimo de responsabilidad individual y conciencia militante. El sentimiento no se vende ni se alquila. El sitio en el estadio, tampoco. Cuando el mensaje que se manda desde hace años es que dan igual todos los símbolos porque «esto es lo que vende», el resultado es un escenario bochornoso como ese.

En la otra orilla, mi amigo César lleva una vida de socio en el Santiago Bernabéu porque iba al fútbol con su abuelo y con su padre. El primero falleció y el segundo ya está mayor para acudir a todos los partidos. Mi amigo a veces se pregunta qué pinta allí. La duda crece al comprobar la metamorfosis que ha experimentado su grada en los últimos años. Ha visto cómo el sector vecino, antes copado por aficionados de los de toda la vida, ahora lo pueblan caras distintas y desconocidas cada fin de semana. Los ve aparecer con bolsas de las tiendas más exclusivas de la calle Serrano de Madrid, con toda la equipación del Real Madrid recién comprada en la tienda oficial y siendo ubicados en sus localidades por azafatas jovencísimas que les ofrecen comida y bebida. La mayoría de las veces llegan con el partido bastante empezado y no se enteran de nada porque están más pendientes de fotografiarlo y grabarlo todo con el móvil. César aguanta por el único motivo de que un sitio en ese estadio no es algo a lo que uno pueda renunciar y retomar fácilmente si cambia de opinión con el tiempo. La lista de espera es interminable, en parte porque los abonos en el Real Madrid son hereditarios, algo poco habitual y digno de elogio si se quiere mantener cierta personalidad en la grada. Pero mi amigo está convencido de que lo acabarán suprimiendo cada vez que mira a su derecha. Y eso que, con gran esfuerzo, él paga por su abono 1.200 euros al año, más otros 150 euros de cuota de socio, lo mismo que cuestan sus vacaciones. Si quisiera asistir también a los partidos de Copa del Rey y Champions League, la cosa se acercaría bastante a los 2.000 euros al año. Tiene un hijo pequeño y otro en camino. De momento, la esperanza de poder continuar con ellos lo que su padre y su abuelo hicieron con él es la única razón que le mantiene ahí. Su idea es aguantar al menos unos años más por ellos, pero si a los críos no les gusta cuando sean un poco mayores, se acabará dando de baja. Una grada, especialmente la grada de un club histórico, es como un árbol centenario. Tiene raíces robustas y capacidad de resistencia durante mucho tiempo, pero hay que cuidarlo. Si no lo haces, llega un día que lo pierdes y ya no vuelve. Y eso es un activo que no tiene recambio posible en el mercado como un delantero goleador o un defensa fiable.

La Thatcher y el informe Taylor

Es importante saber por qué pasan las cosas, quién decide que cambien y cuáles son sus verdaderas motivaciones. Sin diagnóstico, no hay terapia posible. Los estadios eran lugares de empoderamiento de las clases trabajadoras y el tiempo les ha arrebatado el fútbol para convertirlo en un artículo de lujo. El partido del domingo, el día de descanso, era el momento de unión en torno al estadio del barrio y el club que les representaba. Si hubiese que marcar un punto de inflexión habría que remontarse a 1990 y a un nombre: lord Taylor of Gosforth. Casi ningún aficionado al fútbol sabe que por este señor inglés los estadios en Europa pasaron a contar con butacas en todo el aforo para ver el partido sentado dejando atrás las tradicionales bancadas o graderíos donde se permanecía de pie. O que sus recomendaciones fueron determinantes para encarecer el fútbol y alejarlo de las clases populares a las que se les culpó de la violencia en los estadios británicos en el marco de la ola ultraconservadora que impulsó Margaret Thatcher. La Dama de Hierro estaba enfrentada a los sectores obreristas de su país, muchos de los cuales expresaban su rechazo al Gobierno también desde las gradas de los estadios. El ejemplo más conocido es el de la afición del Liverpool, una ciudad industrial especialmente castigada por las políticas de Downing Street en la década de los ochenta. No era raro escuchar cánticos en Anfield deseando la muerte a la primera ministra procedentes de la popular grada de The Kop. El 15 de abril de 1989 se enfrentaban los Reds y el Nottingham Forest en las semifinales de la FA Cup en Hillsborough, el estadio del Sheffield Wednesday. Las dos aficiones se dieron cita en cancha neutral para disputar el encuentro, y una avalancha humana en el acceso les costó la vida a noventa y siete personas, todas del Liverpool. A aquellos sucesos se les conoce como la tragedia de Hillsborough y las víctimas están siempre presentes en la iconografía del club. No hay celebración sin recuerdo a los muertos de aquel día. El ídolo del Liverpool Steven Gerrard perdió a un primo de apenas diez años. La respuesta de las autoridades fue culpar a los aficionados, algo parecido al amago de la policía francesa en la edición de la final de la Champions de 2022, cuando el desastre organizativo en los accesos obligó a retrasar el inicio del partido entre el Real Madrid y el Liverpool.

En 1989 estaban muy presentes otras catástrofes relacionadas con aficiones inglesas que causaron decenas de muertes como la del estadio Heysel de Bruselas o la del incendio en el Valley Parade de Bradford. La maquinaria mediática se cebó con los aficionados. En su libro *Una historia popular del fútbol*, Mickaël Correia cita ejemplos de algunas informaciones publicadas en los tabloides británicos que ahondaron en esa criminalización. *The Sun* llegó a difundir que la policía había visto a la gente orinar sobre los cadáveres de Hillsborough. Con todo a favor, el Gobierno de Thatcher encargó a lord Taylor un estudio sobre cómo prevenir el vandalismo en los estadios. El resultado se plasmó en 1990 en el famoso informe: todos sentados, nada de alcohol en los campos, dar preferencia a los abonos de temporada por encima de las entradas sueltas, reducción considerable de aforos, mejorar los accesos para evitar aglomeraciones, retirar las vallas alrededor del césped... Para corresponder con estas indicaciones y financiar las obras en sus recintos, muchos de los clubes subieron los precios a sus aficionados. Las entradas para un partido concreto dejaron de ser rentables frente a los abonos de temporada, pero no todos podían pagarlo. El periodista Diego Barcala condensó en una columna publicada en el diario *As* los efectos que estas medidas tuvieron para el fútbol presencial: «En apenas un lustro, los abonos de liga en Inglaterra subieron un 1.108 por ciento. Hooligans fuera, y clases populares, también. El fútbol que conocemos hoy empezó entonces». El resto de los países copió el modelo rápidamente, aunque ninguno tuviese los mismos problemas con la violencia. Hoy entrar con una cerveza en el estadio conlleva expulsión inmediata si te pillan. Pero pagando 200 euros por una entrada vip o un palco de temporada a razón de 2.000 euros sí puedes inflarte a ginebra y whisky porque ya se sabe que los únicos que dan problemas son los pobres. Muchos años después, demasiados, una investigación independiente publicó en 2012 un estudio sobre lo que pasó realmente en Hillsborough. Se acreditó que la culpa de la avalancha humana fue la negligente actuación de la policía de Thatcher. El entonces primer ministro británico, David Cameron, pidió perdón desde la Cámara de los Comunes a las familias de los fallecidos que, por fin, encontraron algo de justicia por parte de sus instituciones. Margaret Thatcher dejó el número 10 de Downing Street a los pocos meses de publicarse el informe Taylor y murió en 2013, un año después de las disculpas del Gobierno británico a la gente de Liverpool. En Anfield Road no hubo muchas lágrimas por el fallecimiento de la Dama de Hierro.

Los estadios pertenecen a sus barrios

Salvando algunas excepciones, la tendencia dice que los estadios molestan y hay que sacarlos de los barrios arrebatándoles su idiosincrasia o, en el mejor de los casos, obligándolos a resetearse en otro lugar hasta conformar otra identidad pasados muchos años. Dicen que a los del Atleti los llaman indios por vivir al lado del río (el Manzanares) y ser enemigos del hombre blanco, en alusión a su rival, el Real Madrid. Los rojiblancos tenían su estadio en el sur de la ciudad, entre Carabanchel y el castizo barrio de La Latina. Desde 2017 están en un descampado a una hora de distancia en transporte público de su antigua casa. Cuando ya era un hecho que el Vicente Calderón sería derruido, hubo muchos reportajes recogiendo el testimonio de los bares aledaños. Contra lo que uno podía imaginar, la mayoría estaban encantados con la marcha del campo que provocaba el abarrotamiento de sus locales los días de partido. El argumento de los hosteleros era que el estadio los condenaba a una modalidad de negocio muy estacional, apenas una vez cada dos semanas o algo más si el equipo jugaba competición europea. Les seducía más la idea de varios bloques de viviendas, que traerían familias con niños y una clientela más regular y menos concentrada. Solo con las obras, además, contarían con cientos de trabajadores a los que servir menús todos los días. La realidad es que llegó la pandemia, las grúas tardaron más de la cuenta en arrancar y ya no había estadio al que recurrir. Muchos hosteleros tuvieron que cerrar o apretarse el cinturón más de la cuenta. A los vecinos que ya estaban en el barrio, muchos de los cuales se quejaban por el trasiego de gente los días de partido, ahora les preocupa la futura escasez de zonas de aparcamiento o las plazas de los colegios cercanos ante la previsible saturación de vecinos. La coartada de la evolución se emplea como comodín para casi todo, pero cuesta encontrar algún club al que realmente le haya cambiado la vida para bien una mudanza recientemente.

El Arsenal abandonó el carismático Highbury, construido en 1913 y con un aforo de 38.000 espectadores, para irse a otro con el doble de capacidad y nombre de aerolínea árabe. Siguen sin ganar nada relevante desde entonces. El Bayern de Múnich ya dominaba con relativa comodidad la liga alemana y daba más que guerra en Europa antes de marcharse del Olímpico a un estadio con nombre de compañía de seguros. El Tottenham vivía en

White Hart Lane, 36.000 localidades, hasta que comenzó la construcción de un nuevo estadio en el mismo terreno. Durante el tiempo que duraron las obras disputó sus partidos como local en Wembley. Unos meses después de inaugurar su nueva casa con el doble de aforo, 62.000 espectadores, alcanzó la final de la Champions por primera vez en su historia y la perdió contra el Liverpool, que lleva media vida jugando en un estadio construido en 1884 con una capacidad para 54.000 personas. Al año siguiente, el primer curso completo en su nuevo recinto, los Spurs acabaron séptimos en la competición doméstica, el peor registro en más de diez años. En la Europa League les eliminó el Dinamo de Zagreb, que no es precisamente una potencia económica ni futbolística. El curso siguiente mejoró algo, quedó cuarto. No parece que la liga de la pandemia ganada por el Atlético de Madrid o su última Europa League de 2017 sea achacable a su mudanza al Metropolitano, sino más bien a la batuta de Simeone. Los rojiblancos, de la mano del entrenador argentino, llegaron a dos finales de Champions, ganaron otra Liga, otra Europa League y una Copa del Rey disputando sus partidos de local en el antiguo Vicente Calderón.

La mudanza en ocasiones tiene que ver con la imposibilidad física de ampliar los estadios en el lugar que les corresponde por la sencilla razón de que alrededor hay casas. La familia Crosswhite se opuso a que el Chelsea convirtiera Standford Bridge en uno de los mayores estadios de Inglaterra. Los planes de remodelación del campo *blue* condenaban al hogar en el que habían vivido durante cincuenta años a una sombra permanente bajo los nuevos graderíos y no está el cielo de Londres para regalar rayos de luz, precisamente. Por eso el anterior propietario del club, el magnate Roman Abramovich, tuvo que acudir a las autoridades para que arbitrasen en este particular litigio, un escenario de David contra el poderoso Goliat del fútbol moderno que tenía un significativo precedente a no muchos kilómetros de distancia. Probablemente Abramovich nunca había oído hablar de las hermanas Joan y Nora Mason, dos ancianas que vivían en una humilde vivienda del número 26 de la calle Kemlyn, a pocos metros de Anfield. Los *reds* querían hacer un estadio más grande, pero se toparon con la determinación de las hermanas Mason. Nada pudo convencerlas de que el crecimiento económico del Liverpool estaba por encima del lugar en el que ellas habían vivido toda la vida, ni siquiera que todos sus vecinos aceptasen las suculentas ofertas del club para marcharse. Los primeros intentos del Liverpool llegaron en la década de los setenta, y durante casi veinte años, las hermanas Mason paralizaron las obras de ampliación de Anfield. No fue hasta la muerte de una de ellas cuando la otra cedió y aceptó una oferta para irse. Así pudo el Liverpool inaugurar el

1 de septiembre de 1992 la nueva grada de Kemlyn Road con dos niveles, palcos vip y capacidad para 11.000 espectadores. A la inauguración de la tribuna, rebautizada como Grada del Centenario, no asistió la anciana Mason, pero sí invitaron al entonces presidente de la UEFA, Lennart Johansson.

Casos como el de las hermanas Mason o el de la familia Crosswhite han provocado que algunas voces en el Reino Unido denuncien las maniobras de algunos clubes para despejar sus aledaños de cara a futuras obras. Señalan recursos poco transparentes como ir comprando casas para luego dejarlas vacías. También detectan que algunos clubes recurren a terceros para no presentarse en nombre del equipo en cuestión y que eso anime a los propietarios de las viviendas a pedir más dinero. Esta modalidad de mobbing inmobiliario da lugar a barrios sin gente, abandonados, deprimidos y deteriorados, una forma distinta también de acabar con su idiosincrasia. La justificación siempre es la misma: hay que ingresar más para fichar jugadores mejores y más caros con los que poder competir contra los equipos más ricos en un sistema continuamente desigual y distorsionado por múltiples factores, ya sea el reparto de derechos televisivos o el último, el de los llamados clubes Estado, que vienen a demostrar a las viejas hegemonías que siempre hay un pez más grande. Seguir creciendo económicamente es la premisa a la que se abrazan los gestores, o lo que es lo mismo, contribuir a una burbuja inflacionista que lleva años en marcha enriqueciendo a demasiada gente que sobra.

Recintos multiusos, nuevo negocio

Es complicado establecer cuál es el aforo adecuado para un deporte como el fútbol. Mi opinión personal es que con un diseño del estadio adecuado, lo recomendable debe rondar entre los 30.000 y los 50.000 espectadores. Muy por debajo de esa cifra resulta insuficiente para fabricar una atmósfera que impresione e influya, y muy por encima de esos números es un exceso. Es muy difícil lograr aunar a toda una afición en un estadio demasiado grande, que exige además unas condiciones acústicas óptimas para que los cánticos se entiendan y se propaguen con nitidez para contagiar a todos los sectores. Resulta una contradicción construir nuevos estadios cada vez más grandes al tiempo que los clubes exploran nuevos mercados sin descartar llevar a sus equipos a jugar a otras latitudes lejanas. La explicación está en que el fútbol que les da sentido ya es solo un elemento más dentro de la nueva concepción de los estadios como recintos polivalentes. Se construyen pensando no en el aficionado, sino en los múltiples usos que se le puede dar a la obra: conciertos, exposiciones, congresos, bodas, graduaciones, circuito de motos, otros deportes o hasta espacios sanitarios como advirtió la pandemia. Los estadios son una vía más de explotación del negocio del fútbol por otros medios que nada tienen que ver con un balón. El Real Madrid ha sellado un acuerdo con una firma estadounidense que se llama Legends, propiedad de un fondo de inversión, que le va a pagar —dicen las crónicas— 360 millones de euros solo por el 30 por ciento de los derechos de explotación del nuevo Santiago Bernabéu durante veinte años. Esa cifra hoy no se pagaría casi por ningún futbolista, con una vida útil más corta que un estadio. Cuando el conjunto blanco hizo público por medio de un comunicado el acuerdo, describió a su nuevo socio como una «compañía especializada en gestión de estadios y experiencias Premium» capaz de convertir el renovado estadio «en referente mundial del ocio y del entretenimiento». Este es el lenguaje y el concepto. Es la senda que están siguiendo otros clubes. Volviendo al Tottenham, su estadio cuenta con un terreno de césped artificial para albergar partidos de fútbol americano. Es un cambio de paradigma en el negocio que abunda en la marginación del aficionado al que se le presentan cada vez más obstáculos para hacer de su estadio una segunda casa. No hablemos ya de plantear debates como los horarios, las fechas de los partidos o los precios de las entradas.

El detalle, garantía de identidad

Un simple vistazo bastaba antes para identificar una cancha, tenían personalidad propia, eran un personaje más de la función. Incluso un ojo relativamente experimentado era capaz de adivinar el país donde se jugaba el partido solo por la arquitectura del lugar. Un estadio inglés era un estadio inglés a simple vista igual que una cancha argentina tiene unas evidentes características propias, por citar dos ejemplos claros. La globalización del fútbol afecta también al diseño de los estadios y amenaza con borrar esas particularidades que los hacían únicos. Los diseñadores del Tottenham Hotspur Stadium son los mismos que idearon el Emirates Stadium del Arsenal años antes. Ambos no son muy diferentes del Allianz Arena del Bayern ni del Metropolitano de Madrid, el Estadio de La Luz del Benfica en Lisboa o el nuevo San Mamés de Bilbao. Existe por norma general una falta de atención al detalle y una entrega casi reverencial a lo pragmático y funcional. Esta realidad no es exclusiva del mundo del fútbol, pero la está asumiendo. Me topé con un mensaje en Twitter hace unas semanas. El periodista Cristian Campos se hacía eco de una polémica a cuenta del diseño de los nuevos bolardos en las calles de Madrid, unos simples cilindros metálicos en lugar de los de siempre, que son negros con unos relieves en su cúspide. «La estética de hoy —decía— no es en realidad una estética, como pretenden sus defensores, sino la inexistencia de estética espoleada por la idea de que los seres humanos somos hormigas indistinguibles, intercambiables y fácilmente sustituibles». Campos citaba el hilo de un tuitero (@culturaltutor) que se servía de algo aparentemente tan intrascendente como un bolardo para advertir sobre «el peligro del diseño minimalista (y la muerte del detalle)» en general. Aclaraba que no era un ataque al minimalismo con M mayúscula, que es un movimiento de diseño consciente, sino al minimalismo inconsciente. Para reivindicar la importancia del detalle, usaba la imagen de la clásica cabina de teléfono británica y la comparaba con una de formas rectilíneas metalizada cualquiera: «¿Por qué importa el detalle? Piense en ello como identidad. ¿Qué le da a la cabina telefónica de la izquierda su carácter distintivo? Los detalles: el color, las molduras alrededor de la puerta, la ornamentación de la parte superior. La cabina telefónica de la derecha no tiene detalles reales ni carácter». Insistía en que el debate no es sobre la belleza, los viejos bolardos negros de Madrid no son hermosos, pero «tienen algo de carácter, los otros simplemente están». Esta tendencia se manifiesta en casi todo, desde los bancos del parque, un picaporte, el rediseño de logotipos comerciales, los nuevos escudos de fútbol o la construcción de los estadios. La advertencia no pretendía ser una reacción futurofóbica en favor de una vuelta al pasado, sino una llamada a rebelarse contra la costumbre de aceptar las cosas porque así son, es lo que vende, es el mercado. El pasado nos enseña que algunas cosas podemos hacerlas mejor. Antes las ciudades eran distintas entre sí, ahora sus edificios, más prácticos y funcionales, cada vez se parecen más los unos a los otros. Carecen de carácter. Sin embargo, cuando alguien decide sus vacaciones o el lugar en el que casarse no escoge precisamente una nave industrial en virtud del número de salidas de emergencia, sino que busca cierta trascendencia en el entorno. «Si todo es simplemente funcional, simplemente útil, entonces la vida se convierte en una mera cinta transportadora. Convierte a los humanos en máquinas de consumo, trabajo y reproducción. ¿No somos más que eso?».

7

Movilización y cultura de grada

> Se puede evolucionar, pero hay que mante-
> ner la esencia. Vamos a llegar a un momento
> en el que los aficionados van a estar defen-
> diendo un equipo que no les representa. No
> es tan importante adónde quieras ir, sino de
> dónde vienes. Las raíces.
>
> Fernando Torres,
> exfutbolista

En la provincia no se hablaba de otra cosa. Hacía un frío
especial ese mes de enero, pero el acontecimiento sirvió
para calentar el ambiente. El equipo de moda estaba en el
pueblo para disputar un partido de Copa del Rey en uno
de esos estadios modestos con focos precarios donde el

balón bota como un conejo y los rivales buscan aprovechar la última oportunidad de amarrar un buen contrato. La eliminatoria se decidía a partido único, lo que le daba algo más de emoción porque en noventa minutos puede pasar cualquier cosa. Las visitas de un equipo grande suelen provocar cierta esquizofrenia en las gradas de los estadios humildes. El morbo de ver hincar la rodilla en tu pueblo a algunos de los mejores jugadores del mundo entra en conflicto con la fascinación por disfrutarlos de cerca por una vez. Martín, doce años, era de los pocos que no tenía ningún debate interno. El desembarco de estrellas le traía sin cuidado, lo que él quería era ver ganar a su equipo de siempre en el campo al que iba todos los fines de semana con sus padres. Por eso llevó toda la semana al colegio el chándal del club que le compraron cuando empezó a jugar en sus categorías inferiores. Habitualmente se lo ponía solo cuando tocaba gimnasia, pero esos días solo se lo quitó para dormir. Muchos compañeros, en cambio, fueron a clase con la camiseta del equipo grande. Martín fue objeto de burlas incluso por parte de algunos que, como él, también jugaban en la cantera del equipo local y los veía los domingos en el estadio que queda a dos calles de su casa. No entendía que de la noche a la mañana hubiesen cambiado tan radicalmente sus preferencias. De pronto, la semana más importante, se dio cuenta de que era minoría en su propio pueblo. Martín aguantó estoicamente los «vais a perder», los «os vamos a ganar» y los «no tenéis nada que hacer». Su padre le había dicho que todas las rondas de la Copa del Rey deparan siempre una sorpresa. Los días previos ya habían jugado todos los favoritos solventando sus partidos con facilidad ante rivales de tercera. Solo quedaba el encuentro de esa noche, y Martín sentía como si tuviese en la mano el único número de la rifa que quedaba por salir para llevarse el premio. Se aferraba a esa esperanza con la fe intacta que los niños pequeños todavía le tienen a sus mayores.

Las entradas volaron rápido. El Ayuntamiento instaló una grada supletoria para que nadie se perdiera el evento. El día del partido su madre le dejó preparada encima de la cama la bufanda que le compró su tío al poco de nacer, antes que el primer balón. Con ella al cuello marchó con su padre y su abuelo al campo. El partido no tuvo mayor historia y el equipo grande pasó por encima de su rival sin dar ninguna opción. Los héroes de Martín, a los que cada semana veía jugar contra otros equipos de la comarca, se hicieron pequeños esta vez ante la visita de uno de los mejores equipos del mundo. Raúl, el goleador, volvió a ser el pizzero que dos veranos atrás salió con su prima Julia. Quiroga no fue esa noche el infranqueable central, sino el de Correos que siempre pregunta por sus padres cuando llama al timbre. El portero Rubén, su favorito, también volvió a ser el profesor de jardín de infancia que daba clase a su hermano Mario. Constatada la derrota, su madre corrió a escribir a su marido para saber cómo estaba el niño, pero no llegaban noticias desde el estadio. Pasaron muchos minutos hasta que recibió la respuesta: «Muy triste. Ha llorado, pero ha aguantado todo el partido. Ha cenado pipas». La madre insistió en vano en comunicarse con su hijo. Martín no quería hablar con nadie. Ni siquiera con ella, algo raro que agravó su preocupación. Temía que el niño se sintiese estafado y nadie tenía contemplado un plan de contingencia ante la derrota por muy previsible que fuera. De lo que pasó por la cabeza de Martín en las horas siguientes al partido nadie sabe nada. Tan solo que en plena noche se levantó a vomitar varias veces por el atracón de pipas y que a la mañana siguiente pidió sin éxito no ir al colegio. «¿Cómo voy a ir yo hoy a clase?», se quejó. A la vuelta seguía sin querer hablar. Solo cabían dos opciones para explicar el largo silencio. Podría tratarse de un berrinche monumental fruto de una derrota dolorosa y ya se le pasaría. Pero había una segunda opción muy preocupante: ¿y si a Martín le embargaba una profunda duda de fe? ¿Y si ya no quería ir nunca más al estadio los domingos? ¿Y si las burlas de los compañeros habían hecho mella en la moral del chaval? En casa optaron por dejarle espacio. El niño podía estar ante su primera toma de decisión seria. Quizá la más importante de su vida. Al menos la más importante de las cosas que no importan, así que mejor no atosigarlo. Con doce años era inútil explicarle la importancia de apoyar a tu equipo en las buenas o en las malas. No sería consuelo avisarle de que todos han tenido que ir alguna vez a clase o al trabajo después de una derrota humillante, que era un trago ineludible como ir al médico o pasar la varicela, pero que eso luego te hace más duro. ¿Qué se le dice en una ocasión así a un niño acostumbrado a ganar casi siempre en el videojuego de su tableta? La fortaleza de una personalidad forjada en minoría es un concepto que uno aprende cuando se hace mayor.

El lunes siguiente Martín no fue al colegio, sino al dentista. Le acompañó su padre. Había un par de dientes que le habían crecido muy desviados y tocaba corregir antes de que fuera demasiado tarde. El dentista, un hombre afable que vivía cerca de sus abuelos y al que solían ver los sábados en el aperitivo, le ofreció elegir los colores que quisiera para los apliques que le iba a colocar en la boca. Era algo habitual para los niños, un intento de hacerles más llevadera la ortodoncia a tan corta edad. Había un cajón con toda la gama cromática. También estaban los de toda la vida, mucho más discretos y del agrado de su padre y su madre. Entonces el niño dictó sentencia: «Los quiero de este y este». Acto seguido, Martín levantó la cabeza buscando la mirada de los adultos, como pidiendo permiso. El dentista hizo lo propio con el padre, que dio el visto bueno porque nada le seducía más que tomar parte en una travesura y de paso hacer rabiar un poco a su mujer. De todos modos, tan solo iban a ser unos meses y lo había elegido el niño. A las dos horas estaban en casa. La madre se había propuesto rebajar la gravedad del aparato con un montón de elogios sobre lo bien que le quedaban a su hijo unos hierros por toda la boca. Casi había ensayado la reacción. Pero cuando Martín abrió la boca, aquello era una feria. El shock inicial dio paso a una reacción instintiva de cabreo. La mujer clavó la mirada en la de su marido, que soltó una inmensa carcajada: «¡Los ha elegido él!». En ese momento ella lo entendió todo, así que resopló y le dio un fuerte abrazo a Martín, que permanecía orgulloso con la boca bien abierta, ahora con los colores de su equipo.

El modelo alemán (50+1)

Ganar es importante, no nos engañemos. Nunca he comulgado con el «manque pierda» o eso de regocijarse en exceso en la derrota y la pornografía del dolor. La competición tiene como meta la victoria y sin exigencia se desvirtúa su sentido y se devalúa el éxito. Ahora bien, ¿merece la pena ganar a toda costa? No me refiero a que el delantero tenga que fallar un penalti aposta si el defensa no hizo falta o a frenar un contragolpe si un rival se tira al suelo con afán de perder tiempo. Lo que me pregunto es si está justificado supeditar todo a ganar mucho, incluso la identidad. Nos alegra la victoria porque la sentimos como propia al identificarnos con nuestro equipo. Ganan una camiseta, unos colores, un escudo, unos jugadores y una historia en común en la que nos sentimos representados. «Ayer ganamos», «hemos perdido», hablamos de nuestros equipos en primera persona. Si todo eso cambia, ¿nos emocionamos igual? ¿Un poco menos? ¿Se puede uno conformar con amar un poco menos cuando lo has tenido todo? ¿Merece la pena entonces luchar por defenderlo?

Hace mucho tiempo que los hinchas del Sankt Pauli alemán contestaron a esa pregunta. Hablamos de un club de culto por su arraigo en el distrito de Hamburgo al que debe su nombre y por el empoderamiento de sus aficionados, capaces de condicionar las decisiones de sus dirigentes para preservar las señas de identidad que le hacen único. Arrancaba el año 1989 cuando su directiva anunció los planes para remodelar su vetusto estadio y convertirlo en un recinto multiusos: cambio de nombre, doblar el aforo, pista de hielo, gradas retráctiles, un hotel... Como es habitual, la oferta iba acompañada de una promesa de inversión extranjera que reportaría mayores ingresos con los que, otra vez, poder competir con los grandes. Casi era una extravagancia pionera para la época, una oferta irrechazable según los patrones actuales. Pero la afición dijo no. Carles Viñas y Natxo Parra son autores de un libro titulado *ST. Pauli. Otro fútbol es posible*. Narran las movilizaciones que llevaron a cabo los hinchas sankt-paulianers para oponerse a este y otros proyectos que a su juicio no eran lo que necesitaba ni el club ni el barrio, destino habitual de inmigrantes, trabajadores portuarios y clases populares. Miles de octavillas, una breve huelga de animación durante un partido y una manifestación a la que apenas asistieron mil quinientas personas bastaron para que los inversores extranjeros se quedasen sin hacer negocio en Hamburgo. Aficionados y vecinos lograron que sus directivos retirasen el proyecto de remodelación del estadio.

Mientras tanto, durante esos días en España se promulgó una ley que obligaba a la mayoría de los equipos a convertirse en sociedades anónimas deportivas. Eran los años de personajes pintorescos como Jesús Gil, Manuel Ruiz de Lopera, José María Caneda, Luis Cuervas... Visto con el paso del tiempo, todos juntos conformarían un cuadro parecido a una reunión de villanos de Batman. ¿Qué podría salir mal? Después de ellos llegaron otros como el ucraniano Dimitri Piterman y el indio Ahsan Ali Syed a Santander y a Vitoria, el catarí Nasser Al-Thani a Málaga o, más recientemente, el singapurense Peter Lim a Valencia, entre otros venidos de fuera sin que eso sirva para eximir a otros nacidos en España y que lo hicieron igual o peor. Sumieron en crisis inéditas a equipos centenarios tras prometer muchos millones para competir con los más grandes. En el mejor de los casos, su paso por esas ciudades dejó una tremenda resaca después de la fiesta. En Hamburgo unos cientos de aficionados se movilizaban contra la remodelación de su estadio y en España a nadie pareció importarle demasiado este cambio de modelo que supuso expulsar para siempre a los socios de la gestión de sus clubes y dejarla en manos de personas a las que ya no se podía elegir ni echar en las urnas. La Ley del Deporte de 1990 y la conversión en sociedades anónimas dos años después no fue la solución. Lo corroboró muy pronto los casos del Celta de Vigo y el Sevilla, condenados en 1995 a un descenso administrativo a Segunda B por no ser capaces de presentar a tiempo unos avales económicos. Las crónicas de la época recogen escenas como el envío de un fax acreditando el dinero exigido, pero sin firma, o al presidente sevillista tratando de localizar a su joven abogado, un tal José María del Nido, que estaba de viaje en Eurodisney y años después acabaría dirigiendo el club. Al final, vigueses y sevillanos se salvaron porque ambas ciudades sacaron a miles de personas a la calle. A alguien le debieron de temblar las piernas en alguna sede de partido político y se inventaron una primera división transitoria ampliada de veintidós equipos durante solo un año. Mantenían al Sevilla y al Celta y también a los dos equipos que se habían ganado el ascenso en el campo, Albacete y Valladolid. Se acordó que al finalizar esa temporada descendieran los cuatro últimos equipos y problema resuelto.

Más allá de los motivos de la decisión, la capacidad de movilización de las aficiones se expresó entonces como una herramienta determinante para lograr objetivos. Más de veinticinco años después, de cara a la temporada 2022/2023, el Sevilla anunció un incremento en los precios de los abonos de hasta el 15 por ciento. Un pase de temporada por ver el fútbol en una grada baja detrás de la portería ascendía a 600 euros cuando el año anterior eran 530 euros. El nuevo catálogo de precios generó malestar en la afición, que protestó apelando a la situación económica actual y muy particularmente en la capital andaluza, con una elevada tasa de paro juvenil. La respuesta del club fue la de casi siempre: «Es un abono muy por debajo de los clubes que compiten con nosotros. Nuestros ingresos por abono no llegan al 7 por ciento de los ingresos totales. La situación es complicada, pero algo tenemos que hacer para seguir creciendo, no solo vendiendo jugadores». Es decir, hace falta más dinero para ganar más partidos, aunque el aficionado de siempre ya no pueda verlos porque no tiene suficiente dinero para pagarlo. Esa misma temporada el Sevilla despidió a su entrenador a poco de empezar el campeonato por tener al equipo en los puestos de descenso. Nada parece indicar que la inflación vaya a variar en un futuro. El aficionado tendrá que conformarse con abonarse por menos dinero a una plataforma de televisión que a su vez pagará al club una millonada para hacerse con sus derechos de emisión. ¿Eso es crecer? ¿Y en la grada quién se queda? ¿Quién anima? ¿Se puede comparar la realidad económica y los salarios de un vecino de Sevilla con los de un ciudadano de Londres que paga un abono para ver al Arsenal? ¿Y qué pasa si el equipo no cumple sus objetivos en el campo y los patrocinadores se marchan en busca de más rentables escaparates? Sevillistas agraviados con los precios convocaron una concentración de repulsa ante el estadio. Apenas acudieron trescientos aficionados en la ciudad que en su día salvó al equipo echándose masivamente a la calle con veinticinco mil personas. La desmovilización es su mayor victoria, resultado de un cuarto de siglo fomentando clientes y marginando a aficionados en casi todos los ámbitos.

Un vistazo a lo que sucede en otras latitudes arroja un saldo comparativo muy negativo para España, donde la organización de las aficiones en defensa de su fútbol es prácticamente nula. Los motivos se han abordado en estas páginas y son múltiples, empezando por el relato mediático impuesto por los equipos más poderosos que, desde su lógica empresarial, justifican el encarecimiento infinito como garantía para financiar un espectáculo. Eso acaba por transformar al aficionado en un mero cliente que paga a precio de lujo lo que antes le pertenecía. Todas las conquistas obtenidas en otros países tienen como denominador común la movilización, la organización de los aficionados y la defensa de una cultura de grada activa. Una reacción indiferente ante un agravio es solo el primer paso hacia la siguiente afrenta, que será peor. Una oposición activa, en cambio, sirve para construir un muro de contención frente a quienes pretenden pasar por encima de sus aficionados. Según relatan Viñas y Parra en su libro sobre la historia del St. Pauli, la presión de su hinchada ha logrado otros hitos más recientes como reducir la presencia de la publicidad en el estadio o evitar la megafonía antes de los partidos para permitir la simbiosis entre afición y jugadores. «Para el St. Pauli el fútbol y el tifo son el motor de la vida del club, los patrocinadores tienen que adaptarse». Las altas cotas de autogestión de este equipo le han granjeado reconocimiento internacional, pero el poder de su masa social se entiende mejor dentro del modelo alemán en su conjunto donde los hinchas tienen prioridad. Desde el año 1999 existe la norma conocida como 50+1, según la cual, al menos el 51 por ciento del accionariado de los clubes tiene que estar en manos de sus aficionados. Son los dueños. Diez años después de implantarse este requisito, los dirigentes del Hannover 96 propusieron un cambio para facilitar las inversiones privadas, pero la propuesta recibió el voto en contra de treinta y dos equipos de primera y segunda división. Hoy Alemania alberga una de las ligas más competitivas y saneadas del mundo y sus equipos son protagonistas en Europa. Su fútbol lleva décadas demostrando buena salud como acreditan los cuatro mundiales y tres eurocopas logradas por su selección, favorita siempre en cualquier cita internacional, también en torneos de fútbol femenino. Sus estadios están por lo general llenos todos los fines de semana, se permite el consumo de cerveza en sus gradas sin necesidad de pagar 200 euros por un palco vip y no parece que sean un especial foco de violencia, los precios de las entradas son asequibles. Alemania representa un modelo de éxito que tiene que ver en gran parte con el músculo de sus aficiones y su capacidad de hacerse escuchar, aunque como en todos sitios hay resquicios para la desigualdad y las excepciones.

En marzo de 2020, pocos días antes de que el fútbol echara el cierre por la pandemia, el árbitro paró el encuentro que enfrentaba al Hoffenheim y al Bayern. Los seguidores del club bávaro mostraron desde su sector visitante una pancarta con un insulto grave contra el presidente del Hoffenheim, Dietmar Hopp. Es un magnate alemán con una fortuna valorada en 5.300 millones, una de las personas más ricas del mundo, según *Forbes*. Decidió invertir en fútbol y la historia es la de siempre: agarra un equipo, inyecta dinero, asciende a primera, estadio nuevo... El rechazo de los seguidores del Bayern tenía que ver con el declarado objetivo de Hopp de acabar con el modelo 50+1. La Deutsche Fußball Liga permite a empresarios aumentar su accionariado si cumplen veinte años de inversiones correctas como el caso de Hopp en Hoffenheim, que aspira al 100 por ciento. Hay otros ejemplos en Alemania como el Red Bull de Leipzig, otro de los equipos que goza de poco cariño por parte de la mayoría de las aficiones rivales. Para quien piense que los hinchas del Bayern de Múnich protestaban contra una posible amenaza a su hegemonía doméstica, cabe destacar que simplemente se sumaban a las aficiones del Mönchengladbach, FC Köln y Schalke 04, Borussia Dortmund (los del «muro amarillo» y los tifos espectaculares). Estos últimos fueron sancionados tres años sin poder ir a Hoffenheim. En España prácticamente ningún medio de comunicación se interesó por el fondo de las protestas ni por saber quién es Hopp o lo que representa el 50+1. La mayoría solo se hicieron eco de que los radicales del Bayern habían obligado a parar un partido, y eso, claro, era algo lamentable dentro de su construcción habitual del relato.

El fenómeno «unioner» en Berlín

Los seguidores del Unión Berlín, el extremo opuesto de gestión al de los magnates, también han protagonizado protestas similares. Durante la visita del Red Bull a su estadio desplegaron una pancarta con el siguiente mensaje: «La cultura del fútbol murió en Leipzig». Es por eso que cuando les toca a ellos ir a su campo, visten de riguroso negro en señal de luto. Alberto Doblaré es la voz oficiosa del Unión Berlín en español. Gestiona una cuenta en Twitter (@fcunion_es) que tiene miles de seguidores y colabora con un pódcast, *Unión de Hierro*, donde se presta atención al fútbol alemán. Acusa a los gestores del Red Bull Leipzig de llevar años buscando resquicios en las normas para avanzar en sus objetivos, contrarios al espíritu del fútbol alemán. En su caso, asegura que el club fija unos requisitos tan complejos para ser socio que tan solo cuenta con diecisiete miembros. De ese modo cumplen la condición del 50+1, pero con un grupo tan reducido que no representa una democracia real, porque además todos están vinculados a la marca de la bebida energética. Los aficionados que ocupan las gradas del estadio del RB Leipzig son abonados, pero sin derecho a participar de las decisiones que afectan a su equipo, igual que la mayoría de los clubes en España.

En el Unión Berlín todo es diferente. «En el barrio de

Köpenick la gente no va al fútbol, va al Unión», advierte a la hora de describir la manera de entender el fútbol de los hinchas de este particular club fundado en 1906. Hablar del FC Unión Berlín es hablar de un club siempre rebelde. Durante los años de la RDA sirvió de refugio a disidentes contra el férreo sistema comunista. Cuentan los veteranos que, cuando el árbitro señalaba una falta directa en la frontal del área, aprovechaban la colocación de los jugadores en la barrera para desafiar a las autoridades colando consignas en contra del telón de acero que partía Alemania en dos. «¡Quiten el muro!», se gritaba en el centenario estadio Alte Försterei. Sus gradas, de hecho, fueron objetivo de la temida Stasi, los servicios secretos durante el dominio soviético.

El muro cayó y el Unión Berlín mantuvo su identidad ligada al barrio obrero de Köpenick, fuertemente vinculado a los trabajadores de la industria metalúrgica. Ubicado al este de la capital alemana, cuenta con 67.000 habitantes. El estadio del Unión Berlín apenas tiene un aforo de 22.000 localidades y sus socios participaron voluntariamente en las obras de su última remodelación en 2008. También donaron 140.000 euros para financiar los trabajos. Decidieron mantener el marcador manual donde un empleado del club anuncia desde hace décadas los goles del partido asomándose por una ventana. Unos años antes, donaron su sangre para recaudar fondos y salvar al club de la quiebra. Aquella campaña se llamó «*Bluten fue Union*» (Sangrar por la Unión). Lo siguiente fue vender el campo a los propios aficionados, sus actuales propietarios. «Sentir que el club es tuyo fomenta una actitud diferente», dice Alberto. El FC Unión Berlín es un ejemplo de que el éxito deportivo no está reñido con la defensa de la idiosincrasia. En la temporada 2018/2019 ascendieron a la máxima categoría del fútbol alemán por primera vez y sus resultados le han permitido disputar competiciones europeas. Alberto recuerda una pancarta que había en una de las gradas del Alte Försterei cuando todavía estaban en segunda. Decía «Mierda, vamos a ascender» y representaba el temor de la gente de Köpenick a que el equipo perdiese su personalidad al alcanzar la élite. Hoy, una entrada para ver al Unión en la Bundesliga sigue costando entre 12 y 15 euros. Sus jugadores mantienen encuentros con sus aficionados en las instalaciones del club. Hace unos años se suscribió un contrato de patrocinio con una inmobiliaria, un sector muy cuestionado en Berlín por el elevado precio de la vivienda. El FC Unión obligó al responsable de la firma a sentarse con sus socios para dar explicaciones sobre su actividad empresarial. En todos los partidos se sigue reivindicando el modelo del 50+1, aunque en el Unión Berlín el porcentaje en manos de la gente es total y no hay capital privado. Una hora antes de los encuentros, el Alte Försterei ya está al 80 por ciento de su capacidad sumido en un gran ambiente. En parte se debe a que Alemania permite el consumo de cerveza en el interior de sus estadios y la previa de los partidos se puede hacer en la propia grada evitando la necesidad de apurar la liturgia en los bares del exterior y esa imagen de la gente todavía entrando en el campo cuando el equipo ya ha saltado al césped. Tampoco es obligatorio que todos los espectadores estén sentados y por eso la mayoría del estadio ve los partidos de pie, como en las gradas de antes. Nadie plantea instalar butacas para adaptar el estadio a las exigencias de la UEFA y disputaba sus encuentros internacionales en el vecino Olympiastadion, sede de su rival el Hertha de Berlín. En la temporada 2022/2023 la UEFA cambió la norma y desde entonces permite aforos de pie en sus competiciones. Fue muy celebrado en muchos estadios alemanes y en particular en el del Unión, que ya no tendrán que viajar a campo rival para ver a su equipo como forasteros. Ningún medio importante español se hizo eco de este cambio sustancial que podría tener una incidencia directa en el paisaje de los estadios, incluyendo aforos mayores, zonas de animación más amplias y posibilidades arquitectónicas.

El Unión Berlín ha incrementado su masa social en los últimos años por el escaparate que supone la Bundesliga. El reclamo no son sus jugadores, sino su afición y esta manera de entender el fútbol, lo que evidencia que defender la identidad es siempre una garantía de supervivencia en el competitivo mundo del fútbol. Al tiempo de entregar el primer borrador de este libro, el Unión marchaba líder en solitario de la liga alemana con doce partidos disputados. Ya rondan los cuarenta mil miembros, más de la mitad de la población de Köpernick y el doble que la capacidad de su estadio. La mayoría de las entradas se sortean entre sus socios y a veces aficionados de toda la vida se quedan sin entrar en el campo en favor de seguidores que llegan de todas partes del mundo porque el club ha mantenido los precios populares. Alberto admite que en este punto sí se produce una cierta distorsión que confirma los temores que vaticinaba aquella pancarta de cuando estaban en segunda. A su juicio, la clave es fomentar que todo aquel que ocupe un lugar en el Alte Försterei conozca la personalidad de un club y el barrio al que representa, es decir, que los nuevos adopten y asuman la idiosincrasia. Eso es más fácil en un país como Alemania donde los medios de comunicación también fomentan otra manera de entender el fútbol. Construir una cultura de grada y la vida en torno a los estadios es lo más importante. Prueba de ello es la alta asistencia a los campos en una competición que casi siempre gana el Bayern de Múnich, campeón de las últimas diez ligas. Para explicar esa superioridad, Alberto apunta a que el 25 por ciento del club bávaro pertenece a gigantes como Allianz, Audi y

Adidas. Pero también recuerda que el 75 por ciento sigue en manos de sus aficionados, comprometidos con el modelo alemán y por lo general respetados en todos los estadios del país cuando acuden como visitantes.

De Salamanca a Wimbledon: Equipos fénix

La mala gestión a finales del siglo pasado provocó algo más que una profunda resaca en ciudades españolas como Salamanca, Logroño, Jerez o Mérida, entre otras. Sus equipos, algunos de ellos históricos que llegaron a dejar su huella en primera división, se vieron obligados a desaparecer sumidos en las deudas. Grupos de aficionados se tomaron la revancha y se organizaron para refundar sus clubes con la promesa de volver desde las categorías más bajas siguiendo un concepto que se ha dado en llamar «fútbol popular». Defiende a rajatabla la gestión horizontal y voluntaria, siempre en manos de los seguidores, nunca más en manos privadas. Han pasado los años y algunos de esos equipos fueron encadenando ascensos hasta llamar a las puertas de la segunda división que marca el inicio del fútbol profesional, el merecido regreso a la tierra prometida. La paradoja es que, tras años de lucha por dejar atrás el desierto, todavía seguía vigente la Ley del Deporte de 1990 que les obligaba a convertirse en sociedad anónima deportiva si querían cruzar la barrera del profesionalismo, el modelo que precisamente contribuyó a su defunción años atrás. Urgía una nueva ley que eliminase este requisito para entrar a formar parte de los cuarenta y dos equipos que conforman la Liga de Fútbol Profesional (LFP) que dirige Javier Tebas. En enero de 2022, el Gobierno llevó al Congreso de los Diputados un proyecto para una nueva ley del Deporte que reformaba la anterior. Es la iniciativa que a punto estuvo de descarrilar a última hora por el enésimo enfrentamiento entre Real Madrid, Barcelona y el resto de la Liga, con amenaza de huelga incluida. La nueva norma admite en su exposición de motivos «la ineficacia» de aquel modelo que obligó a la conversión en sociedades anónimas deportivas: «Años después se mantuvieron altos índices de endeudamiento, cuya recuperación se ha debido a otros factores que nada tienen que ver con la exclusión de otras formas jurídicas para la participación en esta clase de competiciones». En consecuencia, treinta años después, se decidió poner fin a la obligación de entregar los clubes a manos privadas para participar en el más alto nivel del fútbol español. Algunas cosas empezarán a cambiar, aunque ya nada devolverá los equipos a sus aficionados. En una ocasión tuve la oportunidad de charlar con un alto representante del Ejecutivo con responsabilidad en esta materia. Le pregunté si en la nueva ley tenían intención de derogar este requisito clave. Agradezco la sinceridad del político en su respuesta, que no pudo ser más desoladora: «No lo sé, no sé nada de fútbol y tengo la sana intención de terminar el mandato sin saber nada de fútbol».

Este concepto del «fútbol popular» tiene su reflejo en Reino Unido, pionero en estas experiencias de reivindicar, desde cero si hace falta, los valores fundacionales de sus clubes como reacción ante la excesiva mercantilización que les expulsa de las gradas de sus estadios. Es el caso del Football Club United of Manchester, la escisión rebelde de los *red devils*. Abandonaron el lujo de Old Trafford por recuperar su esencia desde los campos de la regional inglesa. Los *Red Knights* (Caballeros Rojos), los *Manchester United Supporters Trust* (Verdaderos Aficionados del Manchester United) son otros colectivos activos de aficionados que se han hecho notar en las gradas de «El teatro de los sueños». Desde hace años se ven banderas y bufandas verdes y amarillas en recuerdo de los primeros colores que lució el club cuando todavía se llamaba Newton Heath FC allá por 1878. Protestan contra la gestión de la familia Glazer, una saga estadounidense propietaria de un equipo de fútbol americano que cruzó el Atlántico para comprarse el United en 2005, para desgracia de sus aficionados.

Los hinchas del Wimbledon Football Club vieron cómo un buen día de 2002 sus dirigentes se llevaron al equipo a otra localidad situada a más de cien kilómetros de distancia y pasaron a llamarse Milton Keynes Dons FC, todo ello con el visto bueno de las autoridades inglesas. La afición refundó su club en el mismo distrito londinense con el nombre de Association Football Club Wimbledon y comenzó a encadenar ascensos. En 2022 ya iban por la cuarta división inglesa, aunque todavía siguen lejos de volver a la Premier League. A finales de 2020 inauguraron un nuevo estadio con capacidad para 9.000 espectadores al lado de donde tenían el anterior, demolido para hacer casas tras noventa años de vivencias. El regreso a Plough Lane, su hogar espiritual, contempla una ampliación de aforo hasta alcanzar las 20.000 localidades, casi un 25 por ciento más de capacidad que su antigua casa. Las islas están plagadas de ejemplos de iniciativas populares en defensa de sus clubes hasta el punto de tener un término para definir renacimientos como el del Wimbledon: equipos fénix.

Con esos mimbres, es normal que el relato otorgase a las protestas de los aficionados ingleses un papel clave para frenar el primer intento de impulsar la Superliga. El precipitado anuncio del nuevo torneo secesionista descubrió la implicación de los seis conjuntos más fuertes del país: Arsenal, Chelsea, Liverpool, City, United y Tottenham. Aficionados de estos y otros equipos locales salieron a la calle y se concentraron en la puerta de sus estadios para marcar la línea roja a sus dirigentes y el eco de sus reclamaciones llegó a las instancias políticas. A Florentino Pérez y otros impulsores del plan fuera de las islas les costó entender tanto revuelo. Lo cierto es que unos meses después un fondo de inversión saudí con más dinero que los propietarios del Manchester City compró el Newcastle, un histórico en horas bajas. Hubo aficionados que celebraron la noticia, seguramente seducidos por la idea de emular el camino del Chelsea o el City, que abandonaron la irrelevancia competitiva hace tiempo gracias a inversiones extranjeras. Hinchas del Newcastle acudieron al estadio ataviados con turbantes en señal de aprobación y sumisión a sus nuevos amos que, como todos, prometen fichar mucho y bien para disputar torneos a los grandes. Luego ya veremos. «No puedo decirte si se hubiera parado la venta del Newcastle porque no conozco todos los detalles sobre lo que pasó, pero sí que se hubiera investigado más». Estas declaraciones son de la diputada conservadora Tracey Crouch a la agencia EFE. En abril de 2021 recibió el encargo de su Gobierno de liderar una comisión de expertos para revisar el modelo del fútbol inglés una vez que se activaron las alertas por la amenaza de la Superliga.

El *fan-led review* y el derecho de veto

Trabajan sobre un proyecto llamado *Fan-led review* que contiene cuarenta y siete indicaciones a lo largo de once capítulos. El apartado octavo aborda directamente la «Protección del patrimonio del club». El Gobierno asegura su intención de obligar por ley a que los equipos reconozcan en sus estatutos una figura llamada «Acción Dorada». Consiste en reconocer un poder de veto de los aficionados a los que habrá que consultar sobre seis aspectos capitales: venta del estadio, cambio de escudo, los colores de la camiseta de la primera equipación, modificación del nombre del equipo, traslado fuera de la localidad y la unión a una nueva competición fuera del paraguas de FIFA, UEFA y Federación Inglesa. «Esto significaría que una futura Superliga europea no sería posible sin el consentimiento de los aficionados», aclara el texto para los ciudadanos menos suspicaces. Inglaterra, la cuna del fútbol, ha sido históricamente un referente para todo el planeta como demostró el llamado informe Taylor que cambió los estadios de Europa. Las bufandas verdes y amarillas de los seguidores críticos del United se extendieron por las gradas de todo el continente como símbolo para aquellos aficionados cansados del maltrato de sus dirigentes. El resultado de estos trabajos emprendidos en Inglaterra será un modelo a tener en cuenta en los países del entorno, siempre pendientes de lo que se hace en las islas. Quizá dentro de unos años hablemos de un antes y un después del informe Crouch, que contiene expresiones como esta: «Los clubes de fútbol no son simples activos económicos y forman parte del patrimonio y la cultura de sus comunidades locales y del país en general. Elementos como el estadio del club, los colores o el escudo son una parte importante de esto».

Para redactar sus recomendaciones y conclusiones, el *fan-led review* tuvo en cuenta una encuesta con decenas de preguntas sobre una muestra que rondaba los quince mil participantes. Hay algunos datos que sirven de termómetro general del estado actual del fútbol empezando por las edades de las personas que se molestaron en gastar su tiempo en responder el formulario. El 42 por ciento, la mayoría, era gente de entre veinticinco y cuarenta y cuatro años. El siguiente tramo de edad, entre cuarenta y cinco y cincuenta y cuatro años, representaba el 32 por ciento de los encuestados. Sorprende que los jóvenes de entre dieciséis y veinticuatro años apenas aporte un 12 por ciento de participantes a pesar de ser los más duchos con las nuevas tecnologías y el acceso a Internet. Solo representan dos puntos más que los mayores de sesenta y cinco años, lo que abunda en los temores ante la desconexión de las generaciones futuras, pendientes de otras preocupaciones lejos de los estadios.

Un 64 por ciento apoyaría una ley que establezca requisitos adicionales como un referéndum para permitir que un club venda su estadio. Solo un 19 por ciento votó en contra. Por su parte, la «Acción Dorada» que brindaría un poder real a los aficionados la respaldaron un abrumador 81 por ciento de los encuestados. Preguntados acerca de cuáles son los elementos que deberían estar sujetos a veto por parte de los hinchas, un 90 por ciento votó a favor de decidir sobre un cambio de nombre del club y el 83 por ciento manifestó su deseo de proteger el escudo. El 87 por ciento también estaba de acuerdo en someter a la «Acción Dorada» un cambio de colores del club y el 84 por ciento, cualquier venta del estadio. En la propuesta quedaba fuera la posibilidad de consultar a las aficiones decisiones deportivas como los fichajes, algo que según los casos puede ser también doloroso. Que se lo pregunten a los aficionados del Atlético de Madrid cuando en el verano de 2022 sonó con fuerza la posible incorporación de Cristiano Ronaldo, leyenda de su eterno rival en la ciudad y uno de los villanos oficiales para la grada rojiblanca.

En cambio, en la misma iniciativa del Gobierno británico se abrió la puerta a que se pueda volver a beber cerveza en las gradas durante los noventa minutos. El Ejecutivo aceptó la petición de revisar si la legislación que rige la venta de alcohol en los partidos de fútbol sigue siendo adecuada para su propósito después de cuarenta años de vigencia. «El fútbol se ha modernizado desde entonces y la cultura ha cambiado», admiten las autoridades inglesas. El texto del proyecto propone empezar con una experiencia piloto en categorías inferiores diseñada con el asesoramiento policial junto con una posible revisión de la legislación. Desde la Football Supporters Association destacan la incongruencia de la ley, que permite a los aficionados beber en un viaje de cinco horas en tren a un partido, beber en un pub hasta una hora antes del partido, incluso beber en el bar en la parte trasera de las gradas de muchos estadios, pero está prohibido durante el tiempo que dura el partido, exceptuando el descanso en los pasillos interiores donde se agolpa la gente, un escenario nada recomendable tras la pandemia.

Algo parecido apunta la Liga Inglesa de Fútbol. Cree que ya no tiene sentido seguir aplicando medidas de excepción en el fútbol y recuerdan que sí se sirve alcohol cuando un estadio alberga otros deportes o un concierto. A juicio de este organismo, la Ley de Eventos Deportivos que prohíbe el consumo de alcohol desde 1985 no impide que los hinchas que desean beber alcohol beban en los días de partido, a menudo en exceso. En cambio, lleva a que los seguidores se reúnan antes de los partidos y consuman alcohol en gran medida fuera de los estadios de una manera que tiene consecuencias para la policía. El

Gobierno británico tuvo en cuenta otras voces como la de Policing Insight, una institución que proporciona análisis y conocimientos sobre la actividad policial en todo el mundo. En uno de sus informes, el exsuperintendente en jefe y especialista en control de multitudes, Owen West, afirmó que la narrativa policial sobre la venta de alcohol carece de coherencia. Según dice, hace una década los estudiosos de la vigilancia del fútbol concluyeron que «las prohibiciones de alcohol no parecían lograr sus objetivos, ya sea en términos de reducir la embriaguez de los fans en los estadios o en reducir el potencial de violencia y desorden».

En España este debate ni siquiera se ha planteado en los despachos donde se toman las decisiones. Desde el año 2007, alcohol y violencia van de la mano en el relato difundido por las instituciones. La prohibición de vender bebidas alcohólicas está vigente desde el año 2007 en el articulado de la Ley Contra la Violencia en el Deporte. Esta norma contempla las multas más altas de todo el ordenamiento español, hasta 650.000 euros. Supera incluso las sanciones de la Ley de Seguridad Ciudadana, la llamada «Ley Mordaza». Vender alcohol en cualquier parte del campo se considera una infracción grave, castigada con hasta 60.000 euros de multa. Esa misma ley dice que tampoco está permitido acceder al campo bajo los efectos del alcohol y que se podrán realizar controles de alcoholemia a los aficionados. Puedo decir que he visto casi de todo en los estadios de fútbol que he pisado desde que tengo uso de razón a lo largo de medio mundo, pero nunca he visto a un hincha soplando en un alcoholímetro para poder entrar. Y eso que en España también se apuran las previas en los bares de los aledaños, donde mucha gente bebe fuera todo lo que no le van a dejar beber dentro durante las dos horas que dura el partido. La hipocresía se completa cuando al entrar resulta que sí hay zonas vip del estadio en las que te sirven todo el alcohol —y comida— que quieras porque va incluido en el prohibitivo precio de la entrada. No es por tanto una cuestión de seguridad, solo de pagar más.

Con el Gobierno británico inmerso en una crisis casi constante, de momento la Federación Inglesa —los señores que inventaron el fútbol y mantienen tres leones de diseño medieval en su escudo— ha dado un paso al frente en alguno de estos aspectos. Por medio de un comunicado, la FA anunció el establecimiento de nuevas reglas horas antes de la temporada 2022/2023: «Si un club desea realizar un cambio sustancial en el escudo de su club, o cambiar los colores reconocidos de su camiseta de local, debe llevar a cabo un proceso de consulta exhaustivo con los aficionados». En Inglaterra se deben conocer la trampa de los sondeos y por eso avisan de que no vale cualquier chapuza: obligan a consultar por separado a los abonados, a los socios y a los aficionados que puedan acreditar haber asistido a un número considerable de partidos en casa. El cuñado de tu prima que un día fue a la tienda a comprarse una camiseta no vota. El que dice que es de un equipo, pero nunca ha hecho más que comprarse una tele grande para ver el canal por cable, tampoco. La FA se pone seria y avisa de que «en caso de que se descubra que un club incumple las reglas», se le puede obligar a acatarlas «como ordenar que vuelva a usar la combinación de colores de la camiseta local anterior o el escudo». «El objetivo de las nuevas reglas es poner a los aficionados en el centro del proceso de toma de decisiones con respecto a estos importantes asuntos del patrimonio del club», zanjan. ¿Alguien se imagina a Rubiales impidiendo a Florentino jugar de negro en el Bernabéu o revocando el rediseño del escudo del Atlético de Madrid? En Inglaterra ya es una realidad y no se ha muerto nadie. Esta noticia tampoco mereció especial interés de los medios de comunicación en España a pesar de que son muchas las aficiones que se verían reconfortadas con una medida similar.

La vuelta a Boedo

Tengo un compañero de grada que se ha comprado su casa en uno de los bloques de pisos que construyeron donde antes estaba nuestro estadio. Presume de ser el primer colono en la difícil tarea de volver algún día a nuestra «Tierra Santa». Se refiere a que si algún día vinieran a hablarle de vender para reconstruir la cancha, a él no habría ni que convencerle. De hecho nos animó a varios a seguir su ejemplo para despejar el camino de la reconquista. De momento no ha tenido mucho éxito, pero no se rinde y de vez en cuando avisa de la salida a la venta de algún apartamento en la manzana. Todas las aficiones forzadas al desarraigo a partir de la venta de un estadio o un traslado forzoso decidido por sus dirigentes de manera unilateral miran de reojo desde hace años la lucha de la hinchada de San Lorenzo de Almagro, en Argentina. El candidato Mauricio Macri preparaba en agosto de 2015 su primer asalto al peronismo casi hegemónico cuando un periodista le preguntó por un tema aparentemente inofensivo. Quería saber la opinión del aspirante a presidente de la nación sobre el deseo de San Lorenzo de Almagro de construir un estadio nuevo en su barrio de siempre tras décadas de exilio. «Tiene menos del uno por ciento de posibilidades», contestó Macri.

Sus palabras recorrieron rápidamente todos y cada

uno de los centímetros de Boedo, las cafeterías, la avenida de La Plata, las centenarias casas obreras en torno a la plaza Butteler. Ese uno por ciento resonó como un portazo en todos los rincones de la tierra prometida del seguidor azulgrana, que nunca renunció a su objetivo de volver, con la frente marchita, al lugar que abandonaron forzosamente allá por 1979. Han pasado casi cuarenta años aferrados al dulce recuerdo del viejo Gasómetro ubicado entre las calles Inclán y Las Casas de la ciudad porteña. Macri, acostumbrado a vadear todo tipo de charcos, había metido la pata en uno muy profundo. Para entender la vinculación de San Lorenzo de Almagro a su barrio hay que remontarse a la llegada de un cura salesiano que decidió prestar sus instalaciones del oratorio San Antonio a los chicos que jugaban en la calle. Aquel sacerdote se llamaba Lorenzo Bartolomé Massa y de ahí el nombre del club, que oficialmente celebró su asamblea de fundación en 1908. El padre Lorenzo aceptó el gesto, pero solo si se referían al santo de verdad y a la batalla de San Lorenzo en la que el libertador San Martín venció a las tropas españolas en 1813. Los muchachos cumplieron su deseo y así nació el San Lorenzo, equipo que tiene entre sus seguidores al mismo papa Francisco y a Aragorn (Viggo Mortensen). Poca broma. Corría el año 1916 y el primer estadio contaba con un aforo para 75.000 espectadores, el más grande entonces de todo el país. Allí el Ciclón viviría años gloriosos, pero poco después llegaría la crisis institucional y deportiva que desembocó en el gran desarraigo.

Pablo Artecona, hincha azulgrana, es autor del libro *Boedo, la otra obsesión. De vuelta adonde nunca nos fuimos*. No olvida Artecona que fue la cruel dictadura militar argentina la que empujó a un endeudado San Lorenzo a abandonar su estadio de Boedo, en donde se proyectaron varias autopistas en el lugar en el que estaba su cancha. Finalmente el viejo Gasómetro fue demolido en 1981. Los terrenos se vendieron a Carrefour y San Lorenzo tuvo que buscar refugio en otro lugar. Lo encontró en la Comuna 7 de Buenos Aires, en la zona conocida como el Bajo Flores. Allí establecieron el Nuevo Gasómetro sin que nunca nadie lo considerase del todo como su casa. Lejos de Boedo, el Cuervo —apodo del club que viene de las sotanas de los curas— ha ganado cuatro títulos nacionales, una supercopa argentina, una copa Mercosur, una Sudamericana y la ansiada Copa Libertadores de América de 2014, la máxima competición continental. Pero todos y cada uno de esos títulos se celebraron siempre añorando su barrio.

La vuelta empezó a tomar forma en 2007 cuando los propios hinchas de San Lorenzo comenzaron a adquirir propiedades en la zona donde décadas atrás estuvo su estadio. Lo siguiente fue impulsar un proyecto de ley llamado de Restitución Histórica. La bola siguió creciendo con iniciativas y manifestaciones, primero fueron veinte mil personas ante la sede de la Legislatura Porteña, después juntaron cuarenta mil en otra marcha. Así hasta el 8 de marzo de 2012, cuando ciento diez mil seguidores del ciclón colapsaron la plaza de Mayo de Buenos Aires. Aquello ya era imparable y en noviembre de ese año se aprobó la Ley de Restitución. El regreso estaba cada vez más cerca, pero faltaba un escollo: negociar con Carrefour, dueño de los terrenos. En eso estaba la gente de San Lorenzo cuando Macri pronunció su pesimista sentencia a una semana de la cita con las urnas. Aquel se podrá recordar como el día en el que todo un aspirante a la presidencia de Argentina casi pierde las elecciones por un estadio. El sector azulgrana se alzó contra el candidato, que no tardó en rectificar y suavizar sus palabras: «Siempre supimos que iba a ser muy difícil. No dije nada nuevo. Ratifico mi apoyo para que la vuelta a Boedo se haga realidad».

Macri tenía razón. Llegó a la Casa Rosada, agotó su legislatura, perdió en las urnas y el peronismo retomó el poder sin que la gente de Boedo haya visto todavía cumplido su sueño al tiempo que atraviesa una profunda crisis deportiva e institucional. En diciembre de 2015, la cadena de supermercados francesa Carrefour cerró el acuerdo de venta en 150 millones de pesos (4,7 millones de euros) fraccionados en varios pagos. En las gradas del Bajo Flores, la vuelta a casa dejó de anhelarse y empezó a celebrarse, pero pasan los años sin que nadie ponga la primera piedra para iniciar las obras. En el verano de 2022 la situación caótica del club provocó unas elecciones anticipadas para elegir directiva. Charlo con Mariano Achille, histórico socio sanlorencista, miembro de la Asociación Jacobo Urso. Es un colectivo que lleva dos décadas de lucha por recuperar su lugar en el mundo y debe su nombre a un jugador azulgrana que a principios del siglo pasado se negó a abandonar el campo tras recibir un golpe que le rompió una costilla y le perforó un riñón. Urso terminó el partido y a los pocos días murió en el hospital fruto de las heridas. Miles de hinchas asistieron a su entierro. Achille culpa a los dirigentes por su falta de compromiso real en el regreso a Boedo: «Nunca realmente les interesó, solo lo han utilizado cuando les fue provechoso hacerlo, porque les generaría algún beneficio para sus ambiciones personales o políticas». A pesar de haber reunido ocho millones de dólares entre los socios, dice que todavía no hay siquiera un proyecto de construcción definido. «De todas maneras —remarca—, resulta imprescindible dejar en claro que el Estadio en Avenida de La Plata será construido y haremos todo lo necesario para que así sea, porque para muchos de nosotros esto se ha convertido en un objetivo de vida y no está en nuestra idiosincrasia resignarse». En cada partido que disputa San Lorenzo se escucha un cántico desde las gradas que sirve para poner en contexto la determinación de Mariano Achille y el resto de la hinchada: «Se cumplió la promesa / que le hice a mi viejo / San Lorenzo ya vuelve / al barrio de Boedo. / Fue la lucha de todos / los cuervos que creyeron / y también la de aquellos / que alientan desde el cielo».

8

FUTBOLISTAS MODERNOS,
EL SILENCIO DE LOS CORDEROS

> En esta sociedad, generar dinero significa éxi-
> to y me gusta ser exitoso en todo lo que hago.
>
> GERARD PIQUÉ,
> capitán del Fútbol Club Barcelona

Muchos silencios han sido claves para apuntalar el actual *statu quo* en el que vive instalado el fútbol. Los más insoportables han sido los de los futbolistas. En una ocasión entrevisté a César Luis «el Flaco» Menotti, el histórico entrenador argentino que guio a su selección a ganar el Mundial de 1978. Me atendió para un reportaje en el que recuperaba la historia de Lisandro Raúl Cubas. Era un joven militante peronista secuestrado por la dictadura militar de su país, autodefinida como Proceso de Reorganización Nacional. Entre 1976 y 1983, miles de opositores a la junta militar fueron secuestrados, torturados o asesinados sin que en muchos casos sus familiares volvieran a saber nada de ellos. Esa era la idea de reorganización nacional que tenían los «milicos». Lisandro Raúl Cubas era uno de estos «subversivos». Lo raptaron y lo trasladaron a la sede de la Escuela Superior de Mecánica de la Armada (ESMA), algo así como un campo de concentración a solo veinte minutos andando del estadio Monumental de Buenos Aires en el que los goles de Mario Alberto Kempes durante el torneo acallaron los gritos de las víctimas recluidas clandestinamente. Unas semanas antes de la victoria de Argentina sobre Países Bajos en la final, los militares buscaron una manera de legitimarse ante la opinión pública internacional, reticente a participar en un evento organizado bajo una dictadura. Y para eso buscaron una declaración de Menotti alabando de alguna forma a la junta encabezada por un enjuto oficial de pelo engominado y bigote rectilíneo llamado Jorge Rafael Videla. Agarraron a Lisandro Raúl Cubas, le dieron una ducha, le colocaron encima un traje más o menos de su talla y le dieron una acreditación falsa de periodista para que se colara en una rueda de prensa de Menotti. La orden era que le hiciera una pregunta sobre la situación política en la Argentina.

Los artistas de Menotti y la rodilla de Shankly

El secuestrado permaneció en todo momento escoltado por sus captores para que no se escapara ni desvelara al mundo lo que estaba pasando, pero aun así llegó a permanecer unos segundos a solas con el Flaco, una de las personas más influyentes de la historia del fútbol. Pero Lisandro Raúl Cubas nunca le hizo la pregunta ni se atrevió tampoco a contarle nada. El macabro plan no dio resultado, pero sirva esta historia real para comprender la fuerza de los testimonios de los protagonistas del balón. Ningún poder, del tipo que sea, ha renunciado nunca a la tentación de fagocitar el fútbol.

De la conversación con el Flaco, me llamó la atención que definía a los futbolistas como «artistas». Entendí que era un término elegido de forma consciente, lo cual encaja a la perfección en su filosofía de juego y su apuesta irrenunciable por la estética. Me pareció apreciar una intención nada inocente de ubicar al jugador en el centro de todo, casi una invitación a la rebeldía y a que los futbolistas asuman su papel protagonista en toda su dimensión. Un artista es un alma creativa, libre, con una voz propia que expresa a través de su obra. Es todo lo contrario a una pieza uniforme dentro de una monótona cadena de montaje. Esa autonomía que Menotti les confería a sus artistas dista mucho de la que seguramente tenían los pupilos del escocés Bill Shankly, artífice del primer gran Liverpool en los años sesenta.

En esa época del siglo pasado no había posibilidad de cambios durante el partido. Si un jugador se lesionaba, no podía ser sustituido por un compañero. Al equipo le tocaba seguir con uno menos o se las apañaba como podía dejando al herido en algún lugar del campo, generalmente cerca de las áreas o estorbando en el círculo central. Cuenta la leyenda que uno de los jugadores se acercó a la banda a hablar con Shankly después de haber recibido una entrada de esas de las que se veían entonces en los campos ingleses completamente embarrados. Le informó a su entrenador de que había sentido un chasquido en la rodilla y no podía apoyar la pierna del dolor, pero Shankly ni se inmutó. A los pocos minutos, el jugador magullado se aproximó cojeando de nuevo al banquillo e insistió en que no podía ni andar. Fue entonces cuando el entrenador escocés contestó a su futbolista con un breve decálogo sobre el colectivismo y los márgenes de la iniciativa privada: «Sigue corriendo, muchacho. Esa rodilla no es tuya, esa rodilla es del Liverpool». Shankly sentó las bases del club más laureado del Reino Unido y uno de los más ganadores del mundo. Fundado en 1892, hasta la llegada de Jürgen Klopp en 2015 solo habían tenido veintiún entrenadores, los mismos que puede devorar un equipo normal en España en solo una década. No parece que les haya ido mal a los *reds* con ese modelo alejado de urgencias e histerismos. Shankly dirigió al equipo de Merseyside quince años, falleció en 1981 y hoy una estatua le rinde tributo en los aledaños del estadio de Anfield con una breve inscripción en el pedestal: «Hizo a la gente feliz».

Todos los líos de Maradona

Muchos años después del Mundial del 78 y de la obra de Shankly, un encendido Maradona explotaba en una rueda de prensa. Era su época en Sevilla, ya en la recta final de su inconmensurable carrera. El Diez había visto la roja durante un partido en Tenerife y su salida del terreno de juego derivó en una tangana monumental. Agentes de la Policía Nacional, desbordados, tuvieron que intervenir para disolver el tumulto, lo que no hizo sino enardecer más los ánimos de los futbolistas sevillistas, entre ellos un joven Simeone fuera de sí encarándose con uno de los uniformados.

En su comparecencia posterior ante los medios de comunicación, Maradona recibió el reproche de un periodista que le negó el derecho a quejarse ante el juez de línea. «¡¿Cómo que no tengo ningún derecho si yo soy parte del espectáculo?!», contestó Diego como un volcán en erupción. El astro argentino no fue nunca ejemplo de temple ante los micrófonos y quizá esa sea una de las muchas razones que lo convirtieron en un personaje único, odiado y amado hasta cotas nunca antes vistas. Una estrella internacional con un carisma único y por tanto también rentable hasta su muerte. Maradona nunca buscó el mainstream de forma consciente, jamás rehuyó un charco. En una ocasión alguien dijo de él que si acudiese a una fiesta vestido de esmoquin blanco y le lanzasen un balón cubierto de barro, no dudaría en controlarlo con el pecho. Cuando había una cámara o un micrófono delante, pasaba algo parecido. Hace algunos años entrevisté a Víctor Hugo Morales, el narrador uruguayo que puso voz al eslalon de Maradona entre ingleses en México 86, la jugada de todos los tiempos. El periodista que se preguntaba de qué planeta había salido ese barrilete cósmico me describió a Maradona como «un eterno batallador que siempre está en combate». Con el martillo en el garguero, alzó su voz contra la FIFA, Grondona, presidentes, políticos, rivales, el Norte de Italia... En Nápoles, los altares callejeros que levanta la gente para rendir tributo a Maradona compiten con los de los santos locales todavía hoy, décadas después de su marcha. No hace falta explicar el fervor que sienten por él sus compatriotas en la Argentina. Eso se debe al recuerdo de su juego y de sus goles, pero sobre todo porque los dotó de un relato en el que dio voz a mucha gente que hasta ese momento no la tenía. Eso no lo convirtió en un santo, jamás lo pretendió, pero nunca le importó si los republicanos también compraban sus zapatillas.

No es nuevo que los jugadores tengan que calibrar el impacto que ejercen sus palabras sobre su imagen comercial, lo que muchas veces tiene consecuencias en su cuenta corriente. Probablemente Pelé fuese el primer futbolista mediático a nivel mundial tras coronarse campeón del mundo en 1958 con solo dieciocho años. Al menos así lo entendió Pepe el Gordo. Poca gente sabe que había un gallego en la corte de *O Rei* Pelé. La figura de Pepe el Gordo fue algo parecido a lo que Tom Parker, el Coronel, supuso para Elvis en el mundo de la música. Se llamaba José González Ozores, salido de una pequeña aldea de Pontevedra, y Pelé le confió su carrera sin que nadie sepa muy bien cómo, cuándo ni por qué. El caso es que Pepe el Gordo ejercía como mánager, abogado, asesor, negociaba sus contratos, rechazaba las rutilantes ofertas que llegaban desde Europa y le mantenía alejado de los periodistas salvo cuando le interesaba transmitir algún mensaje. La relación duró diez años, hasta que el astro brasileño descubrió que el gallego se había pulido todo su dinero en inversiones ruinosas que le llevaron a la bancarrota.

Jugadores florero

Con el paso de los años, los futbolistas han aceptado con gusto el papel de floreros en el gran negocio del fútbol. Es así en su inmensa mayoría. Y la paulatina marginación del hincha ha traído como resultado que el jugador asuma también ese distanciamiento. Hoy es noticia que un futbolista de élite se detenga a firmar autógrafos a la salida de un entrenamiento que, por norma general, son ya siempre a puerta cerrada. Viven rodeados de aduladores en mansiones de grandes dimensiones dentro de urbanizaciones cerradas con seguridad las veinticuatro horas, demasiado lejos de las preocupaciones y las necesidades del barrio en el que está su estadio y al que representan vistiendo su camiseta. Bajan del autobús aislados en su música ajenos a las personas que llevan horas esperando y que demasiadas veces no reciben a cambio ni un leve saludo desde la distancia. Quien piense que esto sucede solo en el fútbol de alto nivel le invito a que acuda a un campo de categorías inferiores o incluso de edades juveniles. Los proyectos de futbolistas que todavía no son nadie imitan patéticamente las actitudes esquivas de los grandes como si fuese un canon imprescindible para firmar un gran contrato. Un integrante de la selección española sufrió en 2017 un desagradable atraco en plena calle. Entre otras cosas, le robaron un reloj valorado en 70.000

euros, según las informaciones periodísticas. Eso es siete veces más que el sueldo mínimo en España durante un año. Con sus fortunas también han cambiado la vida de sus allegados y entornos más cercanos, por lo que tampoco les sirven ya como ancla con la realidad. Cenan en restaurantes exclusivos, se divierten en reservados de discotecas, veranean en destinos paradisiacos. Es un estilo de vida difícilmente compatible con la realidad del mundo que les rodea salvo que hagan un esfuerzo para ello. Hay algunas excepciones, pero son las menos. En el verano de 2022 fue noticia que el jugador del Villarreal Manu Trigeros posase durante sus vacaciones comiendo un cocido con una botella de vino en camiseta de tirantes, algo perfectamente normal que podría hacer cualquier persona. Lo cotidiano en este caso se convirtió en noticia por inusual.

Para conocer una ciudad hay que coger el metro y el autobús, recorrer sus calles, escuchar las conversaciones en el bar y saber lo que cuesta un menú del día. Ahora que los jugadores aceptan antes las entrevistas personales y diferentes que las estrictamente informativas, estaría bien que alguien les preguntara alguna vez si saben cuánto dinero cuesta un abono de temporada para verlos en su estadio igual que aquel ciudadano sorprendió al expresidente del Gobierno José Luis Rodríguez Zapatero cuando le preguntó el precio de un café en un programa de televisión. Para empatizar con una afición hay que conocer sus preocupaciones, saber lo que sacrifican para seguir ahí apoyando, advertir las líneas rojas que nunca se deben traspasar si no se quiere herir sus sentimientos. Todo eso es incompatible con el distanciamiento que voluntariamente han aceptado los jugadores, en especial con el aficionado de estadio, el más incondicional. Abundan los futbolistas que cuando marcan gol directamente buscan la cámara detrás de la portería para hacer sus coreografías o dedicar los goles sin alzar unos centímetros la mirada donde hay miles de personas en directo pasando frío o calor y pagando un dinero por la única motivación romántica de apoyar a su equipo. Podría pensarse que los jugadores ni siquiera se percatan de la presencia del público si no fuera porque luego sí reaccionan con desaires o faltas de respeto cuando lo que sale de la grada son críticas. Claro que notan la presencia de la gente, aunque puede ser que se acostumbren a su cariño porque para ellos jugar un partido no sea más que otro día en la oficina. Es como esos policías de homicidios de las series que a fuerza de acudir tantas veces a la escena del crimen se acaban convirtiendo en unos cínicos. Solo es trabajo. No obstante, el fútbol de alto nivel no es comparable con casi ninguna otra actividad, entre otras cosas porque la mayoría no tenemos a nadie animándonos cada mañana cuando acudimos a nuestro puesto laboral. Otra prueba es el nulo castigo de sus seguidores cuando se descubre a un jugador defraudando a Hacienda, que han sido unos cuantos. Es casi la única profesión a la que no se le exigen explicaciones o dimisiones. Ya se sabe, son profesionales y lo importante es que rindan en el campo. Cobran lo que generan, dicen. Lo que es indudable es que el motor que infla sus estratosféricos contratos es la pasión del aficionado, el que está en la cancha y el que lo ve por televisión. Los futbolistas tienen buena parte de culpa al haber renunciado a ejercer su liderazgo en defensa del aficionado de estadio, seducidos también por los mercados millonarios que hay al otro lado de esa cámara a la que le lanzan besos.

En el marco de la investigación sobre los «Supercopa Files», la Fiscalía Anticorrupción pidió recabar todos los pagos realizados por Sela Sport en España. Esta es la empresa pública del Gobierno de Arabia Saudí que negoció con Rubiales y Piqué para llevarse una parte del fútbol español al desierto y que compra competiciones de prestigio por todo el mundo para blanquear la imagen del país en el ámbito internacional. Yo tuve acceso a ese listado y me llamó la atención que una empresa destacaba sobre todas las demás por haber recibido cerca de treinta millones en poco más de dos años. Contacté con su responsable, un empresario joven que vive a caballo entre España y un país árabe. Charlé con él largo rato y me pidió que no desvelara su nombre porque prefiere pasar desapercibido. Me dio la impresión de que parte de su éxito es, de hecho, que no se hable de él. Esta persona recordaba perfectamente el motivo de esos cobros que ingresó entre febrero de 2020 y abril de 2022. Se ofreció a enseñarme sus cuentas para acreditar que luego él solo se quedaba con un porcentaje del dinero que le pagaban los árabes. Su labor es la de facilitar, poner en contacto, persuadir, gestionar, intermediar... Me convenció cuando negó tener relación alguna con Rubiales o con la venta de la Supercopa, pero me confesó otras cosas interesantes. Llevaba años haciendo negocios a través del deporte con países de poca tradición futbolística, entre ellos Arabia Saudí. Les vendía pistas de pádel o intervenía para que Messi, el considerado mejor futbolista de la historia, prestara su imagen al régimen saudí, en concreto a su Ministerio de Turismo. Las cifras de la operación no eran lo que se dice discretas. Todavía hoy se pueden ver en Twitter las fotos de un sonriente Messi acompañadas del mensaje de un entusiasmado responsable de Turismo, Ahmed Al Khateeb. El dirigente saudí presumía así de la visita del llamado mejor jugador de la historia: «Me complace dar la bienvenida a Lionel Messi a Arabia Saudí. Estamos emocionados de que explores los tesoros del mar Rojo, el festival Jeddah Season y nuestra historia antigua. ¡Esta no es su primera visita al Reino y no será la última!».

Los sindicatos del fútbol

Los jugadores cuentan con sindicatos que defienden sus intereses, aunque son pocas las veces que han logrado desafiar a los poderes establecidos, que son principalmente económicos. Resulta complicado acompasar los intereses de las principales figuras con los de la mayoría de los profesionales del fútbol en categorías inferiores, que no son ni mucho menos millonarios. Lo que resulta todavía más difícil es ver a los jugadores poner en jaque a las instituciones que rigen el fútbol por cuestiones que afecten a sus aficionados como los horarios, los precios, los repartos de entradas, el trato a sus seguidores en campos rivales, la venta de competiciones a dictaduras como Arabia Saudí. Otra cosa es que esas competiciones afecten a sus vacaciones o pongan en riesgo sus derechos de imagen, por citar algunos de los motivos de queja colectiva allá por 2010 y 2011. La última convocatoria de huelga impulsada por los futbolistas españoles data del año 2015. Pesos pesados como Xavi, Iniesta, Piqué, Casillas, Puyol o Sergio Ramos prestaron entonces su rostro al parón anunciado por la Asociación de Futbolistas Españoles (AFE) que entonces lideraba Luis Rubiales. ¿El motivo? El reparto del dinero por la venta de los derechos de televisión. En el envite ya se vislumbraba la guerra personal entre Rubiales y Tebas. Eso afecta también al sindicato, objeto de deseo de ambos bandos. El presidente de LaLiga reaccionó indignado a la huelga, pero entre sus principales preocupaciones tampoco estaba precisamente el aficionado. «Incluso desde China nos han mostrado su preocupación por las consecuencias que puede tener para nuestros patrocinadores. Interpondremos las demandas correspondientes», dijo. Una década después fue el propio Tebas quien impulsó una amenaza de parón también por motivos económicos sin que la preocupación de los patrocinadores chinos le preocupase ya lo más mínimo.

Hay otros elementos que abundan en la despersonalización de los «artistas» para hacerlos encajar dentro de ese producto homogéneo en el que el mercado ha embridado el fútbol. La sobreabundancia de medios de comunicación y la feroz competencia entre ellos ha sido la coartada perfecta para eliminar al periodista como nexo entre el futbolista y el aficionado. Como no se puede atender a todos, la solución salomónica fue reducir las entrevistas prácticamente a cero. La moda ahora es hablar en otras plataformas con creadores de contenido menos incisivos como Ibai Llanos, algo perfectamente compatible e incluso saludable. Pero siempre que se tenga en cuenta que eso es entretenimiento y que los aficionados también demandan otras preguntas y respuestas de carácter informativo. Existe un término medio entre el tercer grado y ver a tu ídolo revolcarse de risa en un mundial de globos. Para acceder a un jugador hay que contar con el visto bueno del departamento de comunicación del club, que hace las veces de cancerbero o alecciona al futbolista sobre lo que tiene que decir. Raramente exponen ante los micrófonos a un jugador que esos días esté siendo noticia por una renovación de contrato, una posible marcha, algún conflicto con el entrenador o los compañeros. Para cuando le toque comparecer por obligación en alguna rueda de prensa como son las conferencias previas a un partido de Champions League, quizá ya no sea noticia. Como no se puede acreditar a todos los medios, se acabaron los reporteros inalámbricos a pie de campo recogiendo las impresiones de los protagonistas sin filtro de ningún tipo.

La censura de Tebas y las sanciones

Hubo un tiempo en el que los medios entraban al césped en la retirada de los jugadores al túnel de vestuarios en el descanso. Los futbolistas contestaban las preguntas con naturalidad y nunca nadie perdió un partido por ello. Ahora solo hay un periodista, elegido por LaLiga, con un tiempo tasado para preguntar al finalizar el choque y con censura previa. El reportero solo puede preguntar sobre hechos relacionados con el encuentro que se acaba de disputar. Así lo admitió en una entrevista radiofónica el presidente de LaLiga, Javier Tebas, designado para ese puesto por los clubes que participan en la competición: «Preguntarán en la línea editorial de lo que marca LaLiga. Yo no digo las preguntas, tú sabrás lo que no debes preguntar. Como preguntes algo que no está dentro del manual, no volverás a salir». El control del relato se ha visto reforzado con las condiciones impuestas para narradores y comentaristas de televisión que retransmiten los partidos. El control que ejerce la patronal sobre el mensaje mereció la advertencia incluso de la Comisión Nacional del Mercado de Valores (CNMV), que tuvo que salir a recordar que hay una cosa que se llama Constitución española que protege el derecho a la libertad de expresión. *ElDiario.es* desveló los pliegos del contrato que exige LaLiga para poder explotar su producto. Incluye la obligación que «la personalización de la producción sea realizada de forma positiva». Se reserva, incluso, la capacidad de «solicitar el relevo de aquellos locutores, narradores, comentaristas y redactores» que no cumplan con esta premisa. Así se explica, por ejemplo, que no se repitan las imágenes de errores arbitrales aun cuando tienen una incidencia directa sobre el partido conformando un producto manipulado y adulterado. Esto pasa en el siglo XXI con el beneplácito del canal de televisión que acepta que LaLiga se apropie de su señal a cambio de la lucrativa exclusividad de los derechos de emisión. Es la competición la que diseña y decide el formato de lo que se ve por televisión y no el canal que lo emite. Todo ello con el aval de los espectadores que deciden pagar por un producto censurado que les priva de conocer la opinión de los jugadores sobre aspectos que le preocupan. La drástica reducción de entrevistas a los protagonistas en los espacios deportivos ha provocado una sobreabundancia de las tertulias. Más minutos de opinión y menos tiempo para la información.

Otro elemento disuasorio que atenta contra la libertad de expresión son las sanciones que imponen los organismos deportivos. Por no hablar, los jugadores no pueden ni hablar de los árbitros porque se arriesgan a ser castigados sin poder ejercer su trabajo durante varios partidos. Aunque tengan razón en lo que dicen o denuncien una situación manifiestamente injusta por la que se han visto perjudicados ellos y sus aficionados. La mordaza a los futbolistas tampoco les permite aprovechar el foco mediático para reivindicar otras causas, aunque sean legítimas. El exdelantero del Sevilla Frederick Kanouté era un jugador diferente que dejó huella en el fútbol español por sus goles y, sobre todo, por su carisma y personalidad dentro y fuera de la cancha. Durante un partido de Copa del Rey disputado en el Ramón Sánchez Pizjúan se levantó la camiseta para mostrar la que llevaba debajo tras marcar un gol. En ella se podía leer en letras blancas sobre fondo negro la palabra «Palestina». Era el mes de enero de 2009 e Israel había llevado a cabo una ofensiva militar por tierra, mar y aire sobre la franja de Gaza que mató a mil trescientas personas y dejó más de cinco mil heridos. Casi la mitad de los fallecidos eran civiles y se calcula que entre ellos había cerca de trescientos menores de edad. El gesto del jugador sevillista no iba contra nadie, sino que era un acto de solidaridad con el pueblo palestino y fue aplaudido por su afición. La respuesta de la Real Federación Española de Fútbol fue multarle con tres mil euros. La medida se basaba en el artículo 120 bis del Reglamento de la RFEF que sanciona con falta grave «al futbolista que exhiba cualquier clase de publicidad, lema o leyenda, siglas, anagramas o dibujos». Han pasado los años, la Federación ha cambiado de dirigentes y esta mordaza sigue vigente, ahora en el Código Disciplinario. Añade que, en caso de reincidencia, al jugador «se le impondrá el correctivo de suspensión de uno a tres partidos». A nadie en la AFE o en los vestuarios de los clubes les pareció motivo de protesta este atentado contra los derechos individuales. El propio reglamento de la Federación establece que los jugadores no pueden lucir en sus camisetas publicidad que suponga «manifestación de tipo político o religioso». Sin embargo, se aceptan los millones de aerolíneas controladas por estados totalitarios que buscan blanquear en el fútbol sus regímenes dictatoriales. O directamente les venden el fútbol a esas satrapías y admiten que es un acto político cuando lo justifican llamándolo «diplomacia deportiva».

Fowler y los estibadores de Liverpool

Esta persecución a la libre expresión de los futbolistas no es exclusiva de España. Hubo un caso paradigmático en Inglaterra que tuvo como protagonista al delantero del Liverpool Robbie Fowler. Para la memoria del aficionado español medio, es el jugador que celebró un tanto simulando que esnifaba la línea de fondo junto a la portería. Pero Fowler fue mucho más que eso. Se trata de uno de los goleadores más queridos por la hinchada *red*, por su fútbol y por cosas como el gesto que tuvo con los trabajadores de la Mersey Docks and Harbour Company que descargaban mercancías en los muelles de Liverpool. Corría la década de los noventa, probablemente una de las más mediocres dentro de la triunfal historia del club. A algunos sectores de la ciudad no les iba mucho mejor, incluido el puerto, principal motor económico. Tras una larga huelga, medio millar de descargadores fueron despedidos en 1997. Aprovechando un partido de Recopa de Europa contra el Brann Bergen noruego, Fowler celebró el segundo gol del partido mostrando el mensaje de la camiseta que llevaba debajo de la del equipo: «Apoye a los quinientos estibadores despedidos». La UEFA le impuso cerca de mil quinientos euros de multa al entender su reacción solidaria como un mensaje político. Fowler, canterano del club, tenía entonces veintidós años. Nació en Liverpool y conocía los problemas y las preocupaciones de sus vecinos, que siempre han tenido en el equipo un motivo de identificación y orgullo. Hoy Fowler sigue siendo un héroe local, otra manera de alcanzar el éxito.

El fútbol vive demasiadas veces al margen de las normas que rigen cualquier sociedad democrática sometida al imperio de la ley. Se acepta que tengan sus propias reglas, pero sus directrices y sanciones luego se topan con el filtro de la justicia ordinaria cuando alguien decide defender sus derechos hasta el final. El siguiente ejemplo tiene como protagonista de nuevo a Maradona o, más concretamente, a su entrenador en el Sevilla, su compatriota Carlos Salvador Bilardo. Durante un partido disputado en La Coruña, Maradona golpeó sin intención la cara de un rival en una acción aparatosa y quedó tendido en el campo. El masajista del equipo sevillista saltó corriendo al césped, pero en lugar de atender a su jugador, se ocupó del rival deportivista que yacía en el suelo. Bilardo era un entrenador obsesionado con los detalles y temió que, si su propio masajista se preocupaba más por el rival, el árbitro podría estar tentado de amonestar a Maradona por la fortuita patada. Desde el banquillo, absolutamente enajenado, Bilardo gritó su ya célebre frase: «¡Por Dios, qué carajo me importa el otro. Pisalo, pisalo!». Las cámaras del programa de Canal + *El día después* captaron el momento, que ya es historia del fútbol español. El «¡pisalo, pisalo!» se convirtió desde entonces en un cántico habitual en todos los estadios cuando un rival caía al suelo con intenciones de perder tiempo. El caso es que el Comité Español de Disciplina Deportiva sancionó a Bilardo por considerar que sus comentarios fueron «contrarios al buen orden deportivo». La Federación Española le impuso una multa de un millón de pesetas (6.000 euros). Bilardo recurrió y ganó. A su juicio, su expresión debía entenderse «en sentido figurado y de acuerdo con la terminología futbolística usual». Adjuntó artículos de la prensa argentina con títulos como «Boca pisó a River». Aclaraba que eso no quería decir que los jugadores de Boca Juniors «pisaran» a los de River Plate. Los jueces del Tribunal Superior de Justicia de Madrid dieron la razón a Bilardo y anularon la sanción en una resolución dictada seis años después.

El incidente ni siquiera figuraba en el acta del árbitro. Los jueces, además, avalaron al entrenador argentino con frases como esta: «Una rotura de las venículas de la nariz no es motivo suficiente para que un masajista asalariado corra en auxilio del contrario, que tiene su propio masajista [...] la reconvención de Bilardo no pasa de ser una recriminación privada que fue amplificada y magnificada por el deseo de los periodistas de vender palabras y periódicos». No todo el mundo tiene los recursos, la paciencia y las ganas de pleitear durante seis años contra este tipo de decisiones. El silencio y las ganas de no meterse en líos suele ser la reacción habitual de los protagonistas.

Doce mil euros por gestionar sus redes

La irrupción de las redes sociales y las nuevas plataformas tampoco ha mejorado la relación entre el futbolista y el hincha. Se ha aceptado con demasiada rotundidad que la existencia de medios como Twitter o Instagram conectan de manera directa al jugador con sus seguidores sin la necesidad ya de un periodista entre medias. Pero la realidad es que las nuevas formas de comunicación ejercen tan solo de mero escaparate sin una capacidad efectiva de réplica. Los jugadores evitan tener que enfrentarse a entrevistas y preguntas incómodas para dirigirse directamente a su público. Eso no ha provocado un acercamiento real en la práctica ni ha sacado a los jugadores de su burbuja, principalmente porque en un alto porcentaje de los casos ni siquiera las gestionan ellos. Los jugadores de élite contratan empresas o asesores que se encargan de explotar su imagen en esas plataformas.

Hablo con el responsable de una de esas firmas que pide permanecer en el anonimato y no publicar el nombre de sus jugadores. Dirige las redes de varios futbolistas de primera, segunda e incluso divisiones inferiores. Un jugador random de la máxima categoría le paga 12.000 euros al año por escribirle los mensajes antes y después de los partidos. Lo que pagan los jugadores más mediáticos es considerablemente más alto. La cifra varía en función del caché o la división en la que juegan. Son comentarios por lo general planos, sin ninguna sustancia, impersonales. Leído uno, leídos todos, y a veces los escribe la misma persona. Se puede dar el caso de que el mismo asesor de imagen redacte el mensaje de un futbolista que acaba de ganar un partido y el de un jugador del conjunto rival que lo ha perdido. Lo que sigue es un repaso a algunas cuentas de las figuras del momento, parecen escritas por un robot. «Tres puntos y a pensar en el martes. Feliz por volver a festejar un gol con esta camiseta». La nada. «Felices porque queríamos arrancar la temporada ganando esta copa». Muy profundo. «Primer partido de liga, primera victoria, primera portería a cero». Pues vale. «Un nuevo trofeo que premia un duro trabajo colectivo e individual». El discurso que emocionó a Spielberg. Hay contestadores automáticos que se muestran más cercanos y cálidos.

Héctor Bellerín es otro de esos jugadores diferentes del fútbol mundial, reacio a firmar contratos con marcas deportivas por no perder la libertad de vestir como le dé la real gana durante su tiempo libre. Uno puede pensar que no le hace falta siendo futbolista de élite, pero los acuerdos comerciales al margen de sus fichas reportan a los jugadores una elevada porción de sus emolumentos, incluso después de su retirada. Bellerín fichó por el Arsenal con solo dieciséis años y se integró por completo en Londres hasta el punto de convertirse en un experto jugador de snooker, el billar ese raro que sale en Eurosport. Tras una década con los *gunners*, firmó por el Betis movido por la emoción de jugar en el equipo del que su padre es seguidor. Cuando ganó la Copa del Rey en 2022, asistió a todas las celebraciones luciendo una camiseta retro del equipo verdiblanco que espoleó la nostalgia de sus aficionados en lugar de vestir el último modelo que los clubes insisten en promocionar para ampliar las ventas.

Concedió una entrevista fantástica a los compañeros de *La Media Inglesa* donde reivindica su libertad de expresar sus opiniones y aprovechar su visibilidad para provocar debates al margen del fútbol: «Tenemos un papel en la sociedad que puede ser muy favorable si lo usamos bien». Explicó así su relación con las redes sociales: «Estuve seis meses sin ellas. Mis perfiles seguían activos, pero no los usaba. Cuando llegué al Betis quería relacionarme con el aficionado, que supiesen que son capaces de conectar conmigo es importante. Es una herramienta para mí de conexión con otra gente más que para valorarme a mí mismo». Bellerín no tiene muchas publicaciones en Instagram, que es la única que usa regularmente. La mayoría tienen que ver con su afición por la moda, pero hay algunas relacionadas con su profesión. En una de ellas está junto a su padre: «Gracias por ser del Betis». En otra se preocupa de dedicar el título de Copa a los béticos que ya no estaban para disfrutarlo. «Por los que estáis y por los que estuvieron. Viva el Betis». Por cierto, en esa entrevista también le preguntaron acerca de cuál sería su camiseta ideal. Bellerín cree que «se está comercializando todo mucho y perdiendo la esencia de lo que son los clubes, los colores de verdad». Para este futbolista, el emblema que se luce a la altura del corazón no es una marca susceptible de ser retocada: «Eso le daba importancia y peso a lo que llevabas en el pecho y eso se está perdiendo. Mi camiseta ideal tendría un escudo bordado en oro».

Que coman pasteles

Mucho se ha hablado ya en este libro sobre la venta de la Supercopa de España a Arabia Saudí. La medida supuso arrebatar a los seguidores de los equipos clasificados la posibilidad de apoyar a los suyos en su estadio. A ningún hincha se le preguntó si le parecía bien renunciar a ello a cambio de financiar —juguemos a ser ingenuos— el fútbol humilde e impulsar una liga femenina en el desierto. Los precedentes siempre habían presentado campos repletos a pesar de las fechas veraniegas. Seguramente el precio del abono no experimentó ningún descuento por prescindir de ese partido. Tampoco los futbolistas mostraron el menor interés por el malestar de sus aficionados ante esta medida impuesta. Hubo al menos una excepción. Raúl García, uno de los pesos pesados del Athletic Club, sí alzó la voz: «Soy muy claro, para mí no tiene sentido [viajar a Arabia Saudí]. Es que es sencillo, estamos jugando un campeonato que se juega en nuestro país y obviamente irse a otro país a jugarlo tiene el sentido que todos sabemos que tiene. Se tendría que jugar aquí. El fútbol ha cambiado, ya no se piensa en el aficionado. Ahora mismo lo que importa es generar, intentar sacar patrocinios y nos estamos olvidando de lo básico del fútbol que es ese ambiente que hace que los partidos sean diferentes, que hace que la afición disfrute en un partido con la familia, que los horarios sean lo más cómodos posibles para todos. Es mi trabajo, yo me dedico a esto, pero desde que yo empecé a ahora ha cambiado y me da pena».

Otro de los equipos clasificados para disputar la Supercopa de Rubiales y Piqué en Arabia Saudí en sus dos primeras ediciones fue el Atlético de Madrid. Su capitán se llama Koke, excompañero de vestuario de Raúl García en el primer Atleti del Cholo Simeone. Resulta interesante contrastar las palabras de Raúl García con las de Koke cuando también fue preguntado acerca del malestar de los aficionados: «Para mí, todas las opiniones son respetables. Respeto la opinión de Raúl García. Yo soy jugador del Atlético de Madrid y todo lo que sea hacer crecer al club tanto en imagen y representación es muy importante. Nos ha tocado así, está hecho así y hay que competir y jugar donde nos toque. No tenemos que pensar dónde jugamos. Seguro que todos los aficionados del Atlético de Madrid nos van a apoyar estén donde estén. Todo lo que sea crecer como club nos viene bien». Hubiese terminado antes si se hubiese limitado a recomendar pasteles a sus seguidores como dicen que hizo María Antonieta con los campesinos que se quejaban de no tener pan para comer.

En la declaración de Koke se condensa toda la traición del futbolista moderno a sus aficionados a los que les confiere una paciencia infinita ante el maltrato que la realidad ya se está encargando de desmentir. El capitán rojiblanco apeló a un supuesto crecimiento abstracto basado en la imagen como si se tratase de una multinacional abriendo sucursales en el extranjero al tiempo que asumió ese determinismo en el que han caído cómodamente los jugadores. «Nos ha tocado así y hay que jugar donde nos toque». Al lado de estas palabras, resuena con fuerza aquella reivindicación de Maradona: «¡¿Cómo que no tengo ningún derecho si yo soy parte del espectáculo?!».

Raúl García y Koke. Athletic Club y Atlético de Madrid. Dos equipos. Dos entidades. Dos aficiones especialmente sensibles con las cuestiones identitarias. Las reacciones opuestas de uno y otro jugador dicen mucho de dónde se encuentran sus respectivos equipos. El Athletic Club lleva décadas ansiando pasear la gabarra por la ría de Nervión para celebrar un gran título, sin embargo, Bilbao sigue siendo una de esas ciudades de España en las que los niños salen a la calle a jugar con la camiseta del Athletic Club y no otras. Son chavales que no han visto los años de gloria del club, pero lo saben porque se lo han contado sus mayores. Son una afición orgullosa que se identifica con el equipo. Su estadio, San Mamés, reconstruido casi en el mismo lugar que el anterior, presenta unas gradas repletas en cada partido tratando de respetar la atmósfera de la vieja «Catedral». Es de los pocos clubes que todavía pertenece a sus socios y acuden a las urnas a elegir a sus presidentes. Con una economía más que saneada, en el verano de 2022 se celebraron elecciones y buena parte de la campaña giró en torno a cuestiones identitarias. El candidato que se moviese de ese pacto de preservar las señas que lo convierten en un club singular no tendría ninguna opción.

Por su parte, el Atlético de Madrid y Simeone significan los mejores registros deportivos de la historia del club, incluyendo una década participando en la máxima competición continental de forma ininterrumpida con lo que eso supone en términos de ingresos. No obstante, el club alega siempre una deuda crónica que no ha superado ni con un cambio de estadio, ni con un rediseño de su escudo, ni con modelos extravagantes en sus camisetas. Todos estos cambios, repentinos y unilaterales, propiciaron la paradoja de que el mejor momento deportivo fuese acompañado de un constante conflicto con su masa social. ¿Qué es la felicidad en el fútbol? Quizá llegue un día en el que haya más jugadores como Raúl García. Incluso que vayan más allá de las declaraciones en rueda de prensa y los artistas se planten de verdad. «Este fútbol así no. O con los nuestros o ninguno». Sería el principio del cambio. No es tan difícil.

9

El pecado de no llamarse Neymar

> Dicen que uno juega como vive. Es cierto, pero creo también que se vive como se alienta.
>
> Delfina Corti,
> periodista

Todo el mercadeo que rodea los fichajes de los futbolistas sería más honesto si no se le ocultase al hincha. La grada tendría derecho a saber a qué y con quién se comprometen sus ídolos antes de seguir jurándoles amor eterno. La información serviría para medir el grado de compromiso o la calidad de los besos que se dan en el escudo cada vez que marcan un gol. En la tienda del club deberían avisar al niño que estampa el nombre de su héroe en la camiseta que, cuando el futbolista fichó, ya tenía un acuerdo previo firmado para marcharse a los dos años, por lo que no es buena idea encariñarse demasiado. Y menos plasmarlo en una prenda tan cara que quizá en poco tiempo acabe condenada al fondo del cajón.

No es habitual que el seguidor conozca los detalles de un traspaso. Cuando el futbolista posa sonriente con su nueva camiseta y sale al césped por primera vez para dar unos toquecitos al balón culminan semanas, meses o incluso años de conversaciones que rara vez trascienden. La prensa publica unas cantidades aproximadas, los variables en función de objetivos, la ficha que va a cobrar y poco más. A día de hoy, nadie ha visto el documento en el que presuntamente Figo o su representante se comprometían a pagar 30 millones de euros a Florentino Pérez si el jugador se negaba a abandonar el Camp Nou rumbo a la capital de España. De existir, ese papel ni siquiera llevaría el membrete del Real Madrid, dado que el jugador o su entorno negociaron con un mero aspirante a ocupar un día el palco de Chamartín. ¿Juegan los jugadores donde quieren?

«Lo que cuenta es la pasta»

«Nunca olvidaré aquella conversación que tuve con Figo. Yo le dije: "Me retiré hace un año y medio, y la Federación portuguesa todavía no me ha invitado a ningún partido, ni para un amistoso, no me han invitado a nada. Te diré por qué. Al final de todo, lo que cuenta no son las medallas, no es el Balón de Oro, ni el Balón de Plata, ni siquiera la Champions. Al final lo que cuenta es la pasta, el dinero que vas a ganar"». Así es como Paulo Futre dice que convenció a su compatriota Luis Figo para que fichase por el Real Madrid cuando ya era un ídolo en Barcelona. Lo confesó el propio Futre en un documental de Netflix que ofreció la enésima versión del culebrón que terminó con el «siete» luso inaugurando la era de los Galácticos en el Bernabéu. De héroe absoluto para el barcelonismo a enemigo público número uno por traidor. Todo lo que pasó a partir de ese momento es historia del fútbol.

Cuando Futre habla del dinero ante la cámara, aprieta la mandíbula y golpea convencido el puño derecho contra la palma de su mano izquierda. Apenas unos días después de estrenarse el documental en el que hacía esa reflexión, la grada del Metropolitano le rindió un sentido homenaje en la previa de un encuentro entre el Atlético de Madrid y el Oporto. Las lágrimas del portugués, invitado en el palco veintitrés años después de su retirada, acreditan que el cariño de la gente a veces es más duradero que el dinero. Tanto como para pasar por alto el papel protagonista que el propio Futre reivindicó en el fichaje de Figo, la maniobra sobre la que Florentino Pérez asentó los cimientos de su legado. Según su versión, el todavía aspirante a presidente del Real Madrid le utilizó como intermediario en la negociación con su compatriota. Y la leyenda rojiblanca acabó en una playa de Cerdeña persiguiendo a la familia Figo con la chaqueta del traje doblada sobre el brazo, los zapatos en la mano y la gomina derritiéndose entre el sudor que le caía por la frente. Todo para conseguir que el futbolista del momento firmara por el eterno rival de los colchoneros. Futre cobró millón y medio por sus servicios. Era la calderilla de un fichaje multimillonario, pero mucho más que cincuenta monedas de plata.

Una tarde acudió a mí la persona que dice haber puesto en contacto a Florentino con Futre. Estaba disgustado porque «el portugués» no le había nombrado ni una sola vez en «el programa» y quería hablar, reclamar su cuota de protagonismo. A su juicio, nadie había dicho la verdad en el documental. El tipo se llama Santos Márquez y la hemeroteca acumula referencias de su participación en aquella operación que cambió el fútbol español para siempre. El propio Futre se había referido a él en alguna ocasión como la persona clave. Le llamaba «el Gordito». Le cité en la redacción de *El Confidencial* para hablar y hacer una entrevista. Allí apareció Santos Márquez, con setenta años de edad y serios problemas de movilidad a causa de un evidente sobrepeso. También alegaba problemas económicos al tiempo que luchaba por evitar un inminente ingreso en prisión. Unas semanas antes el Tribunal Supremo le había confirmado una condena de cuatro años de cárcel por un delito de estafa cometido en la negociación del fichaje de Iker Casillas por el Oporto en 2015. Resulta que Santos Márquez tenía un acuerdo con una agencia de representación de futbolistas que le pagaba religiosamente, pero a la hora de cerrar el acuerdo entre el portero del Real Madrid y el club portugués, «el Gordito» creó otra sociedad donde ingresar la comisión del traspaso en lugar de repartirla con sus socios.

Santos Márquez está muy lejos de la imagen que uno espera de los intermediarios y agentes de futbolistas. Son personajes de avión privado, tres teléfonos móviles, relojes caros y residencia en un paraíso fiscal. Sin embargo, Márquez no pisará más las glamurosas moquetas de las galas en las que se reparten los premios de los mejores jugadores. Atrás quedan los tiempos en los que compartió confidencias con muchos de ellos en reservados de restaurantes caros y paseos en yate por el Mediterráneo. El personaje encarna esa cara oculta del fútbol que los aficionados no ven, pero padecen. Ese magma de secundarios y comisionistas entre bambalinas en busca de algún pelotazo a costa de mover jugadores.

«¿Queréis escuchar al portugués?»

Lo que Santos Márquez me contó es que la única verdad del documental del caso Figo son las cantidades de las comisiones que cobraron Futre y el representante del futbolista, José Veiga, un tiburón de los negocios a caballo entre la locura de los años noventa y el pretendido refinamiento que trajeron los 2000. El mundo del fútbol abandonó definitivamente el chándal y estrenó los trajes de marca y las corbatas finas. Veiga sería algo así como un antecesor de Jorge Mendes con las características propias de principios de siglo. Según el documental, en total se llevaron cinco millones de comisión, lo mismo que todo el presupuesto anual de un equipo humilde de primera división de entonces. Más que la inmensa mayoría de clubes de segunda y no digamos ya del fútbol no profesional. Por si sirve para poner en contexto la cifra, más de dos décadas después de aquello, el presupuesto de un equipo como el Rayo Vallecano en la máxima categoría es de 12 millones de euros en la temporada 2022/2023.

«Todos mienten», dijo Santos Márquez muy seguro

en la entrevista que le hice junto a mi compañero Rafa La Casa. Para acreditar sus palabras, sacó su teléfono del bolsillo y, mirándonos por encima de las gafas, preguntó si podía compartir con nosotros un audio: «¿Queréis escuchar al portugués?». La inconfundible voz ronca de Futre con su marcado acento luso se adueñó de la sala. Admitía que en el documental se habían limitado a transmitir la versión de Figo: «Gordito, hermano, acabo de ver el mensaje. ¿Estás tonto o qué? ¿Cómo me puedes decir algo así? Hablé de todo, pero no lo han incluido en el documental. Solo han contado la verdad de Luis, pero la otra parte nadie la sabe. Lo que hay por detrás, el 90 por ciento, falta todavía por contarse. Debería haber un segundo capítulo. Si no es con Luis, pues tendremos que salir nosotros. ¿Cómo no voy a hablar de ti, cabrón? Sería el peor tío del mundo. Un besito enorme, Gordito». La verdad de Santos Márquez es que Figo había firmado un compromiso con Florentino Pérez antes incluso de que se convocasen las elecciones a la presidencia del Real Madrid del año 2000. Entonces nadie pensaba que un desconocido constructor pudiese desbancar en las urnas a Lorenzo Sanz, el dirigente que había aupado al club blanco a levantar la ansiada Copa de Europa treinta años después.

Sea o no exagerado su relato, Santos Márquez estuvo allí. En esa negociación y en otras muchas. Nos contó que era habitual eso de sentar a jugadores en una mesa para firmar con ellos acuerdos de preferencia cuando todavía son futuras promesas. Los futbolistas se aseguran un dinero rápido antes de saber siquiera si las expectativas que les rodean se convertirán alguna vez en realidad. Cumplen su sueño de comprarles una casa a sus padres y al mismo tiempo les venden su alma a comisionistas ansiosos de hacer negocio bajo elevadas cláusulas de penalización que ya serán problema del equipo que se interese por ellos. «El Gordito» afirma que su herramienta de trabajo son los jugadores, pero no es verdad. La materia prima de su negocio es la codicia y un modelo que permite esta especulación inflacionista. Personajes como Santos Márquez son el engranaje de un sistema que convierte la carrera de los futbolistas en la mesa de un casino cada vez más temprano sin dar cuenta al aficionado.

El trasiego de secundarios, cláusulas de penalización, contratos anexos y acuerdos secretos ha ido a más como acredita el fichaje de Neymar por el Fútbol Club Barcelona trece años después del caso Figo. Se sabe gracias a que el traspaso del brasileño acabó en los tribunales y el futbolista, su padre y su madre se sentaron en el banquillo de los acusados en octubre de 2022. A su lado estaban los expresidentes del Barça Sandro Rosell y Josep María Bartomeu y un exdirectivo del Santos de Brasil, el equipo que popularizó Pelé. La sala de vistas de la Audiencia Provincial de Barcelona es de planta cuadrada y luce un parqué brillante. Parece el suelo del palacio de la Bolsa o la inconfundible pista de los Boston Celtics. También podría ser una cancha de fútbol sala donde se inician cuando son niños las estrellas que luego dan el salto al campo grande de hierba. Los jueces y los abogados se distribuyen entre un fondo y los costados en formación de herradura. Tienen que subir unas escaleras que les dejan en una posición elevada respecto al banquillo de los acusados.

El juez «futbolero»

Cuando son muchos, los que van a ser juzgados se sientan en dos filas, una más alta que la otra. En este caso, el banco de los encausados presentaba la disposición de un graderío. Unos años antes podría haber sido la foto del palco del Camp Nou si no fuera por la mueca de Neymar. El jugador, vestido de riguroso negro, tenía cara de no saber qué hacía ahí ni quiénes eran esos señores con toga que le miraban desde lo alto en lugar de aplaudir o silbarle. Se giraba hacia los lados como esperando que en un momento dado apareciese el árbitro y los linieres. No era su hábitat, y el juez, empeñado en destacar una y otra vez su condición de «futbolero», no tardó en dejarle claro que no le iba a doler: «Es público y notorio cuál es la condición del señor Neymar da Silva Santos Junior como jugador en activo del Paris Saint-Germain. Ya le adelanto que he mirado el calendario de la Ligue 1 y sé cuándo hay partidos de la liga francesa y la Champions League. Trataremos de buscar la solución mejor». Minutos después, la familia Neymar se marchó por donde había venido, eximida por el tribunal de estar presentes en las maratonianas y tediosas sesiones del juicio. «Es el señor Neymar, no quiero perjudicarle, aunque sea del PSG [...] Yo ya estaba en la cama cuando Neymar marcaba un gol. Lo escuché por la radio», se justificó el magistrado.

Tanto el jugador como Rosell y Bartomeu se presentaron bajo la acusación de un delito de estafa y corrupción en los negocios cometidos en torno a su fichaje por el que la Fiscalía les pedía inicialmente cinco años de cárcel a cada uno. Los hechos se remontan al mes de marzo de 2009, cuando Neymar recién estrenaba su mayoría de edad. Un fondo de inversión con buen ojo pagó en esas fechas menos de un millón de euros para hacerse con el 40 por ciento de los derechos federativos del jugador. Eso quiere decir que, si algún club quería fichar al futbolista mientras tuviese contrato en vigor con el Santos, debería pagar al fondo ese porcentaje del traspaso. Dos años después, el Barça llamó a la puerta y pactó pagar a Neymar 40 millones, pero para contar con él a partir de 2014. Por si las dudas, le adelantó 10 millones a su padre. En caso de que los Neymar incumplieran su parte, estarían obligados a abonar al club blaugrana los 40 millones acordados y los 10 que entregaron por adelantado. Esto es lo mismo que decir que, si otro club quería llevarse al futbolista, tendría que hacerse cargo de esa deuda antes de empezar a hablar. Salvo que la familia quisiera ponerla de su bolsillo, algo improbable.

Del mismo modo, el Barcelona se comprometía a pagar a la familia 40 millones si se echaba atrás en la operación. Los detalles del acuerdo contemplaban también un sueldo mínimo para Neymar de 36 millones en cinco años. Su padre tendría que percibir el 5 por ciento de todo. El jugador hizo su parte, renovó su contrato con el Santos, pero rebajó su estancia para poder quedar libre en 2014, un año antes de lo previsto. Cuando expirase su relación con el club brasileño, se convertiría en un agente libre y, por tanto, ya no habría que pagar ningún derecho federativo, ni al Santos, ni al fondo de inversión, víctima de todo este proceso. Según el relato inicial de la Fiscalía, el fondo de inversión se dio cuenta de la artimaña y le recordó al Barça que le pertenecía un porcentaje del jugador. Lo que contestó la directiva de Rosell es que no estaban en negociaciones con Neymar ni tenían ningún acuerdo firmado.

En aquellas fechas, yo iba con cierta frecuencia a Brasil. El jugador ya sonaba para liderar cualquiera de los mejores equipos del mundo. Se hablaba sobre todo del Chelsea, que por entonces fichaba a golpe de talonario gracias a la fortuna de su propietario, el ruso Roman Abramovich. En medio de los rumores irrumpió la campaña publicitaria de una popular marca local de refrescos. Mostraba a un Neymar relajado en la playa y un amigo suyo le lanzaba la pregunta que todo el mundo se hacía: «*¿Por que não está na Europa, cara?*». Las siguientes imágenes mostraban a un Neymar perdiendo balones en un partido disputado bajo la nieve en el viejo continente o pasando frío en una playa con el cielo nublado al otro lado del Atlántico. «Ahora no», respondía Neymar entre risas sobre la arena soleada de Río de Janeiro, entre bikinis y olas. El anuncio podría ser la antesala de los documentales que realizan ahora los deportistas para desvelar su futuro y ganar algo más de dinero a base de monetizar la expectación o el desasosiego de sus aficionados. Neymar decía a través de un comercial que Europa podía esperar, y sus seguidores seguramente lo celebraron ajenos a que esa decisión tenía una fecha de caducidad muy concreta ya plasmada en un papel. Y la decisión tenía poco que ver con el sol, las playas o el arraigo a su tierra.

El problema es que el Fútbol Club Barcelona decidió no esperar al verano de 2014 y acometió el traspaso un año antes de lo previsto. Eso les obligaba a tener que pagar, ahora sí, alguna cantidad por los derechos federativos. El Barça ya estaba entonces en un plan de reducción de deuda y no tenía permitido gastar más de 70 millones en fichajes ese año. La solución por la que optaron, según la Fiscalía, fue ponerse de acuerdo con el Santos para esconder el precio real del traspaso. Firmaron entonces varios contratos por otros conceptos, meras simulaciones para ocultar el motivo real, que era el fichaje de Neymar. Por los derechos federativos declararon solo 17 millones, de los cuales 6,8 fueron para el fondo de inversión. Pero por otro lado abonaron al club brasileño 7,9 millones de euros por un derecho preferencial sobre tres jugadores de su cantera que nunca llegaron a vestir la camiseta del Barcelona. Tampoco escribieron ninguna página de gloria en el fútbol europeo. Barça y Santos concretaron jugar un partido amistoso gratis en Sao Paulo. Si ese encuentro no se disputaba, el Barça se comprometía a pagar una penalización de 4,5 millones. El partido nunca se celebró. Por último, acordaron que, si Neymar era elegido uno de los tres mejores jugadores del mundo por la FIFA, los culés tendrían que pagar otros dos millones a su exequipo. El montante final que la directiva de Rosell abonó al Santos fue de 25 millones, por lo que el fondo de inversión se sintió estafado y reclamó su parte.

«El fútbol ya sabemos cómo es»

En paralelo, tanto Neymar como su padre olieron las urgencias del club catalán y aprovecharon para pedir más dinero al haber cambiado los términos de la transacción. Los 36 millones de sueldo en cinco años pasaron a ser casi 46. A eso se le sumaron otros 8,5 millones en concepto de prima de fichaje y otro millón y medio más por derechos de imagen. La suma de todas las cantidades incluidas en la operación supera los 120 millones de euros.

Una de las incógnitas de este proceso es si el Barcelona adelantó el fichaje por miedo a las ofertas de otros clubes. Uno de ellos fue el Real Madrid, y por eso en el juicio declaró como testigo Florentino Pérez. El presidente blanco admitió que ofrecieron 45 millones en 2011 por llevarse al jugador. En 2013 subieron sin éxito la oferta con 36 millones solo por los derechos federativos. «Quería ir al Barça», explicó Pérez. Quizá la losa de los 40 millones pactados en su día con los barcelonistas tuvo algo que ver. El presidente blanco compareció en el juicio por videoconferencia. En los pocos minutos que duró su declaración recurrió muchas veces a expresiones como no lo sé, no recuerdo o yo no participé directamente en eso. Los testigos, a diferencia de los acusados, tienen la obligación de decir la verdad y el juez puede llamarles la atención si aprecia un uso excesivo de la amnesia como evasiva. No fue el caso esta vez. Florentino Pérez había asistido el día anterior a la gala del Balón de Oro celebrada en París para ver cómo lo ganaba su delantero Benzema. El magistrado, que no evitaba ocasión para hacer notar sus conocimientos sobre fútbol, despidió así la comunicación con el mandatario madridista: «Señor Florentino, ya no le molestamos más, que me imagino que necesitará descansar porque anoche estuvo en París». Sonó como si la noche anterior hubiese desembarcado en Normandía en lugar de lucir esmoquin en una gala de premios de la capital francesa.

Uno de los personajes más exóticos de cuantos desfilaron por el inmaculado parqué de la Audiencia Provincial de Barcelona fue André Cury. Es un ojeador brasileño que le facturaba al Barcelona 700.000 euros al año por buscar talentos en las ligas de su país. Hay muchos jugadores de primera división en España que no llegan a cobrar ese dinero. Lo máximo que percibía un observador del club azulgrana eran 70.000 euros, apenas un 10 por ciento de todo lo que se llevaba el cazatalentos brasileño. Catalunya Ràdio desveló en exclusiva el contrato de once folios de André Cury con el Barcelona, a quien pasaba gastos como la estancia de un mes en un hotel de lujo al lado del Camp Nou. En su declaración, Cury dio la impresión de ser algo más que un mero ojeador y que su función era la de cerrajero, con llaves maestras para acceder antes que nadie a los presidentes de los clubes brasileños, sobre todo el Santos. Antes de marcharse a la búsqueda de los Neymar del futuro, dejó dicho que el Real Madrid de Florentino llegó a ofrecer hasta 160 millones de euros por Neymar. Poco después, el entonces representante del jugador, Wagner Ribeiro, confirmó que las cantidades ofertadas por los blancos fueron muy superiores a las que recordaba su presidente, exhausto tras su viaje a París.

Fue una constante la tendencia del juez a interrumpir las declaraciones para dejar claro que él sabe mucho de fútbol. Su tono, inusitadamente coloquial, demostró la infinita permeabilidad de este deporte en cualquier faceta de la sociedad. Incluida una sala de vistas donde lo que se discutía es si uno de los delanteros más mediáticos del planeta tenía que pasar cinco años jugando sus partidos en la cancha del patio que hay en el módulo siete de la cárcel de Soto del Real. Para argumentar la ausencia de pruebas, uno de los abogados echó mano de una metáfora y dijo que al juicio le faltaba la pelota. Por poco el juez no propuso traer el día siguiente un balón para decidir la sentencia en una pachanga entre los abogados sobre el parqué mismo de la sala. ¡El primero que llegue a tres, gana! Hubo momentos en los que el salón parecía una de esas tertulias en las que se suceden los lugares comunes al hablar de fútbol. El juez recordó que Isco llamó Messi a su perro y luego acabó jugando en el Madrid. Rememoró cuando Iniesta en su niñez admitía su simpatía por los merengues. «Lo leí en una entrevista que le hicieron en el torneo aquel que hacían los del Canal+», soltó para risotada general de los abogados de ambas bancadas, procedentes de los más caros y exclusivos despachos de Barcelona y Madrid.

«Si es que el mundo del fútbol ya sabemos cómo es. Decía el fiscal de la Audiencia Nacional Carlos Castresana que ellos habían conseguido con bienes incautados a los narcos en Galicia hacer cosechas de Albariño, pero cuando hicieron la administración judicial del Atlético de Madrid fue imposible. Esto es el fútbol. Les metían administraciones judiciales a los capos del narcotráfico gallego y no había problema, pero una administración judicial en el Atlético de Madrid… que fiche el administrador judicial, a ver cómo ficha», se animó a comentar el magistrado en otro momento impagable del juicio. Se refería a la intervención judicial que en 1999 apartó a Jesús Gil de la presidencia del Atleti acusado de haberse apropiado de forma ilícita del club. En su lugar, la justicia puso a un interventor judicial llamado Luis Manuel Rubí, quien nunca ha querido hablar de aquello. El proceso terminó con una condena para Gil y el Atlético de Madrid descendió a segunda división. Nunca se lo devolvieron a sus aficionados.

Cuando el juez del caso Neymar repetía que «esto es el fútbol», Rosell y Bartomeu reían y asentían desde el banco de los acusados. Algo debió de atisbar el fiscal, que el último día retiró todas las acusaciones y los acusados resultaron absueltos. Se escucharon muchos testimonios a lo largo de varias semanas de juicio. Declararon directivos, empresarios, abogados de la FIFA, intermediarios o exfutbolistas que cambiaron el césped por los despachos como el portero internacional Andoni Zubizarreta. El guardameta del Dream Team de Cruyff que disputó cuatro mundiales con España era el director deportivo del Barça cuando ficharon a Neymar. Me llamó la atención que también él, como casi todos los que pasaron por delante del tribunal, usó la palabra «mercado» para referirse al fútbol sudamericano, despojándolo de cualquier concepción que no sea exclusivamente empresarial. A juzgar por su léxico, poco o nada queda ya del arquero que jugó más de seiscientos partidos en primera división. Ahora solo es un empresario más que compra y vende jugadores con el mismo lenguaje que usaría para vender neumáticos.

Los jugadores juegan donde quieren

Hubo un momento de su interrogatorio en el que una de las abogadas se interesó por el peso que tiene la voluntad del jugador a la hora de cerrar un traspaso. Ahí interrumpió de nuevo el señor juez para responder por Zubizarreta: «Ya le contesto yo. ¡Es decisiva! Seguro que los señores Rosell y Bartomeu están de acuerdo conmigo. Hay una frase en el mundo del fútbol que dice que, cuando un jugador no quiere seguir en un equipo, no sigue. Y si quiere jugar en un equipo y tiene las posibilidades, acaba jugando». ¿De verdad juegan los jugadores donde quieren?

Que el perjudicado del caso Neymar fuese un fondo de inversión no deja de entrañar cierta justicia poética. Los fondos irrumpieron con fuerza en el fútbol en plena crisis financiera mundial como un recurso para equipos endeudados y sin liquidez para fichar. Ya venían haciendo negocio en Sudamérica antes de dar el salto a Europa. De pronto, la camiseta de tu equipo lucía una publicidad extraña que nunca antes habías visto y resulta que era la marca de uno de estos prestamistas que se han hecho de oro invirtiendo en jugadores. La dinámica es la siguiente: un equipo quiere comprar a un futbolista, pero no tiene dinero para pagarlo. Acude a uno de estos fondos de inversión, que le deja el dinero suficiente para acometer la operación. A cambio, el fondo se garantiza los intereses del préstamo y un beneficio de una futura venta al quedarse con un alto porcentaje de los derechos económicos del futbolista, que automáticamente pasa a tener un precio mucho más caro. Cuando el fondo considera que el jugador se ha revalorizado en el campo, se activa un traspaso para recuperar la inversión. A veces se pacta un plazo para que el club necesitado devuelva el préstamo. Una vez que expira ese plazo de dos, tres o cinco años, el equipo tiene la opción de quedarse al jugador pagando al fondo o se ve obligado a ponerlo en venta para que el dinero del traspaso salde esa deuda. No sé si el juez del caso Neymar llegará alguna vez a leer esto, pero en este último supuesto la voluntad del jugador pinta más bien poco. ¿Juegan los jugadores donde quieren?

A estas alturas no será necesario explicar que a los señores que ponen el dinero les da exactamente igual el apego de la grada hacia el jugador. Tampoco que el futbolista y su familia sean felices en ese equipo, en la ciudad o el vestuario. Si se puede extraer una plusvalía interesante, se harán los traspasos que sean necesarios. Incluso uno cada año, si hace falta. Para detectar cuanto antes a las futuras estrellas, los fondos cuentan con el asesoramiento de gente del fútbol, agentes, representantes. Estos a su vez disponen de una red de cazatalentos por el mundo que son sus ojos, desde las escuelas de alto rendimiento a los potreros más humildes. No está claro quiénes invierten sus fortunas en esos fondos y si detrás se ocultan magnates con intereses en que a algún equipo le vaya mejor que a otro y que fuercen operaciones con el objetivo de influir en el devenir de un campeonato. Sospechas sobre el conflicto de intereses llevaron a la FIFA a poner coto en 2015 a este tipo de negocio, pero los fondos se reinventaron invirtiendo en otros conceptos como los derechos de imagen de las estrellas del balón. Y ahí siguen.

Las fuerzas y cuerpos de seguridad del Estado en España han llevado a cabo operaciones policiales contra algunos de estos fondos de inversión por delitos relacionados con la corrupción. Estas actuaciones apenas tienen seguimiento en los medios, eso a pesar de que guardan estrecha relación con las estrellas del balón y los traspasos que ocupan horas de radio y televisión o ríos de tinta en los periódicos. Una de estas operaciones recibió el nombre de Dean y estuvo dirigida contra uno de los principales fondos de inversión, Doyen Group. En concreto se saldó con la imputación en 2019 de su representante en España, un aguerrido defensa central del Atlético de Madrid muy popular en los noventa, Juanma López. Hoy las nuevas generaciones le conocerán antes por ser el representante del delantero de la selección española Álvaro Morata. La relación entre ambos se remonta a cuando el futbolista tenía apenas dieciséis años. Doyen ha hecho fortuna con el jugador. Solo en diez años cambió siete veces de equipo. Sus traspasos rondaron la suma total de 200 millones de euros y generaron cuantiosas plusvalías. Solo le superaron Neymar, Cristiano Ronaldo y el delantero belga Lukaku. Esto, dentro del relato oficial que rodea el fútbol, es un motivo de éxito y reconocimiento independientemente de que ninguna grada llegue a identificarse plenamente con el jugador debido a una carrera marcada por el desarraigo.

La Audiencia Nacional puso bajo el foco a López, a su socio Mariano Aguilar y al portugués Nelio Freire Lucas, un superagente del fútbol mundial. Los tres figuraban como intermediarios acreditados en la web de la Real Federación Española de Fútbol. La investigación era por un delito contra la Hacienda pública y blanqueo de capitales al no tributar en España los beneficios de su actividad comercial. Solo en el año 2013 se les atribuyó un presunto fraude a las arcas públicas de 4,5 millones de euros. López y Aguilar alegaron que residían fuera de España, pero la Administración no les creyó. Lo consideró un engaño para eludir sus responsabilidades fiscales.

Hay que vender a Falcao

Al tiempo de escribir este libro, la causa seguía abierta con los mismos implicados en la Audiencia Nacional, según fuentes de la Guardia Civil. La querella que dio origen a estas pesquisas citaba el caso del colombiano Radamel Falcao por el Atlético de Madrid. Recaló en el club rojiblanco en 2011 procedente del Oporto portugués, donde había cuajado una actuación espectacular hasta convertirse en uno de los delanteros más codiciados de Europa. Pronto se erigió en un ídolo para la afición colchonera, los seguidores estamparon su nombre en las camisetas, desde las gradas emanaban cánticos que le rendían tributo cada fin de semana. Ganó títulos y continuó su racha goleadora. Era feliz junto a su familia en la capital de España. Una información publicada en *Vanity Fair* atribuyó a Doyen el 33 por ciento de la propiedad del futbolista. A los dos años lo vendieron por más dinero del que pagó en su día el Atleti y mucho más de lo que antes desembolsó el Oporto. Sin tiempo de consagrarse como uno de los mayores referentes históricos en la ribera del Manzanares, se marchó destino al Mónaco, recién ascendido desde la segunda división francesa, una liga menor. ¿Juegan los jugadores donde quieren?

La operación Lanigan fue otra actuación interesante de la Guardia Civil relacionada con el mundo del fútbol que terminó en la Audiencia Nacional, donde seguía investigándose al tiempo de escribir este libro, según las mismas fuentes. En este caso, los protagonistas fueron el macedonio Abdilgafar Ramadani, más conocido como Fali Ramadani, y Nikola Damjanac, ambos socios en la agencia de representación de futbolistas Lian Sports Ltd. Un informe elaborado por la Oficina Nacional de Investigación del Fraude cifró en 51 millones de euros los ingresos obtenidos desde mediados de 2012 hasta mediados de 2017 por sus actividades empresariales.

La Guardia Civil describe una operativa que consistía en adquirir los derechos económicos de jugadores modestos apenas unos días antes de fichar por clubes grandes de Europa. De ese modo, se quedaban con la plusvalía del traspaso en lugar de ir a parar a los clubes vendedores, generalmente de ligas menores de países del este de Europa. Controlaban presuntamente un equipo chipriota llamado Apollon Limassol para desviar a ese país los impuestos de la operación en perjuicio de la Hacienda pública del lugar donde radicaba el club de origen del jugador traspasado.

Fali Ramadani sí es uno de esos intermediarios al uso del mundo del balón. En 2015 fue nominado al mejor agente del año en una gala anual que se celebra en Dubái bajo el nombre de Globe Soccer Awards. Es de las pocas que tienen una categoría reservada a los representantes de futbolistas y casi siempre lo ganaba Jorge Mendes, el hombre tras la carrera de Cristiano Ronaldo y tantos otros. Al igual que López o Aguilar, Ramadani también figura en la lista de intermediarios elaborada por la Federación Española. En su ficha, se ofrecía una vía de contacto a través de una dirección de Irlanda. Este país no es precisamente una referencia futbolística, aunque estaría a la cabeza de una Superliga si se tratase de pagar menos impuestos.

Tuve ocasión de charlar con varios artífices de estas investigaciones. Aprecié en general un tono pesimista en lo que se refiere a combatir estas actividades. La mayoría de las causas dependen de que otros países manden documentación esencial, lo que ralentiza los procesos durante años. Eso en el mejor de los casos, ya que muchas veces son Estados que tienen en la opacidad bancaria y fiscal su principal reclamo para albergar fortunas extranjeras. Todo ello para acabar acotando la persecución de delitos a lo que tiene que ver estrictamente con la Hacienda española, sin posibilidad de actuar contra el corazón de la corrupción que rodea este deporte. «Si es que el mundo del fútbol ya sabemos cómo es».

Epílogo

Mi amigo Gustavo mantiene todavía la misma expresión en la cara que cuando me contó esto por primera vez. Han pasado ya muchos años, pero su mueca sigue siendo la misma. Es una sonrisa a medias que no denota alegría, sino resignación. Si acaso el tiempo no ha hecho más que acentuar ese gesto, consciente de que lo que sucedió ese día forma parte de un pasado imposible de recuperar. Primero porque hace ya tiempo que su equipo se bajó de los laureles del éxito en los que se enmarca esta historia y, segundo, porque Gustavo tampoco es el mismo. Las responsabilidades propias de la edad le han alejado de la militancia activa de antaño para dar paso a una opción de ocio a salvo de vaivenes y avalanchas. Se puede decir que su amor a los colores ahora se asemeja más al de un matrimonio acomodado en el que se han diluido las pasiones juveniles del pasado. Hace días volví a visitar su bar, un lugar en medio de ninguna parte al que regresar siempre. Un partido en la televisión impregna el ambiente del local en el que apenas hay un grupo de parroquianos. Un armatoste nuevo rompe el decorado habitual. Es una máquina de apuestas. Cada cinco minutos alguien entra a canjear un envite o a pronosticar un nuevo resultado. En la barra, el propio Gustavo salpica la conversación de cuotas y combinadas antes de que le pida que me cuente otra vez lo de aquella eliminatoria.

El equipo de la ciudad estaba a un paso de la gloria, un escenario al que no estaban ni mucho menos invitados, pero que se habían ganado a base de derrumbar muros contra todo pronóstico. Y en esto que el bombo les deparó un coco de esos de Europa con un estadio mítico al que resultó imposible decir que no. Gustavo y otros cuantos valientes rascaron la hucha y se presentaron en la cita. Era el partido de ida y los locales no dieron opción. La cosa acabó 3-0 y el sueño tendido en la lona en el primer asalto. A las primeras de cambio, Gustavo y el resto vieron marcharse ese tren que sabes que solo pasa una vez en la vida. Tal fue la decepción que cuando volvieron a casa le cedió su abono a un conocido para el partido de vuelta. No a un amigo, a un conocido. Nunca una apuesta pudo salirle peor.

Dos semanas después, en el encuentro de vuelta, su

equipo salió endemoniado y a los veinte minutos ya había empatado la eliminatoria. En la segunda parte dio la puntilla con el cuarto gol que les ponía en la final. Lo que se perdió Gustavo es el momento exacto para el que nace un hincha. Esa fecha histórica que se incrusta en la memoria colectiva de varias generaciones. Son noventa minutos en los que poder reposar años de decepciones, derrotas y descensos. Todo eso se perdió Gustavo por una decisión que aún no sabe explicar. Aquella noche su grada era algo parecido al paraíso, pero él se quedó en casa sin saber si festejar o llorar.

Al marcharme del bar con la anécdota repasada otra vez, vi cómo mi amigo abandonaba la barra para acercarse a la fría máquina de apuestas. Me parecía como si aún hoy buscase su propia remontada en los brazos de alguna combinada perfecta. Lo que más me sorprendió de aquella última visita a su bar es que Gustavo ya reconocía abiertamente haber empezado a apostar contra su propio equipo. «¿Qué quieres? No voy a tirar el dinero...», se justificó con una risa para autoafirmarse que a mí me pareció más un carraspeo. El caso es que cada vez que alguien me propone salir antes del campo ante la inminencia de un resultado adverso, cuando tengo la tentación de dar un reto por perdido, yo me acuerdo de mi amigo. Y puedo decir con orgullo que su error me ha salvado de alguna que otra estupidez. Escribir este libro parte de esa vocación de remontada y del sentimiento de no rendirse, aunque la cosa se ponga cuesta arriba.

La intención fundamental era dejar constancia de que otro fútbol es posible. Tan factible como arraigado actualmente en los estadios de los países de nuestro entorno. De vez en cuando, los medios de comunicación rellenan su programación con las imágenes del ambiente espectacular que se vive en algún campo lejano. El mensaje que lo acompaña es de admiración, pero nadie se preocupa de explicar por qué eso sería imposible que sucediera en España con el sistema vigente. Europa vive uno de los mejores momentos de su historia en lo que a cultura de grada se refiere. El viejo continente está plagado de canchas con aficiones activas, ruidosas, alegres, orgullosas y seguras.

Quienes hemos sido testigos o practicamos otra forma de vivir el fútbol, lo hacemos generalmente inmersos en una burbuja donde no hace falta explicar estas cosas. Sin embargo, es habitual que cuando las compartimos fuera de ese entorno cerrado, la reacción del «no creyente» vaya desde la sorpresa por desconocimiento al interés cuando no directamente fascinación. El atractivo es la pasión que el aficionado militante imprime a sus relatos, una feliz excepción dentro de una sociedad poco dada a conceder excesos sentimentales en algo que no sea uno mismo. Vivimos en un mundo que cada vez cree en menos cosas.

El aficionado de estadio lleva una vida asimilando unos códigos que rara vez encuentran acomodo en el relato mainstream en el que hoy se explica el fútbol. Hace tiempo que dejaron de caminar en paralelo para tomar caminos opuestos. Eso le empuja a asumir un sentimiento derrotista de fin de saga. Pero profundizar un poco en esas conversaciones futboleras que se usan para romper el hielo permite descubrir que el rechazo al modelo actual no es ni mucho menos minoritario. Somos demasiados los que hemos conocido otra cosa y no nos gusta la deriva actual como para asumir tan fácilmente que nuestro futuro está en una reserva india o arrinconados en un museo.

Hay margen para la remontada, desde iniciativas legislativas a la apuesta por mensajes alternativos. Las nuevas formas de comunicación y el auge de plataformas nuevas también han abierto la puerta a otras voces que rompen el corsé de los relatos controlados por intereses ajenos al hincha. La literatura futbolística atesora ya firmas de calidad que no merecen vivir condenadas en la última esquina de la biblioteca, enterrada entre obras de running, consejos de yoga, ejercicios de pilates o libros de autoayuda.

La brecha generacional se presenta como una amenaza real. La visita regular al estadio debe ser recuperada y reivindicada como el vínculo natural para garantizar la cesión del testigo a la siguiente generación. Está en juego preservar algo que nos pertenece.

Gonzalo Eltesch ha sido mi editor para este trabajo. Fana de la Católica de Chile ha desmentido todos los prejuicios acumulados durante años contra esta figura clave del proceso creativo. Nos citamos en un restaurante de Madrid donde me propuso escribir sobre corrupción y la figura de los comisionistas. Los periodistas estamos acostumbrados a las carreras de corta distancia, nada que ver con una prueba de fondo como un libro. «Si te pones, que sea algo que de verdad te entusiasme, porque el folio en blanco puede llegar a ser una tortura». Esa fue la advertencia más generalizada de otros compañeros que se adentraron antes en estas lides.

—Gonzalo, a mí lo que me gustaría es hacer un manifiesto de grada.

—¿Un manifiesto de qué?

De la conversación que siguió después surgió este libro.